1.ª edición: marzo 2004

Juan Ignacio Luca de Tena, 15. 28027 Madrid
www.anayainfantilyjuvenil.com
e-mail: anayainfantilyjuvenil@anaya.es

ISBN: 84-667-3671-9
Depósito legal: M. 7.566/2004
Impreso en Anzos, S. A. La Zarzuela, 6
Polígono Industrial Cordel de la Carrera
Fuenlabrada (Madrid)
Impreso en España - Printed in Spain

E S P A C I O

A B I E R T O

ESPACIO ABIERTO

Diseño y cubierta de
Manuel Estrada

ESPACIO ABIERTO

Marina Mayoral

Se llamaba Luis

ANAYA

A Manuel y Antonio,
por todo lo que ellos y yo sabemos,
y por ser tan estupendos, ¡qué diablos!

Prólogo

Se llamaba Luis. Un cantero grabó su nombre en la piedra gris que cubre su nicho, uno de los que el Ayuntamiento cede por diez años a quienes no tienen sepultura propia. Fue el último regalo de su madre. La inscripción más sencilla cuesta cuarenta mil pesetas, por eso hay muchas tumbas sin nombre por esta parte del cementerio.

Tenía treinta años. Era viudo, con dos hijos de trece y ocho años. Drogadicto desde los veinte. Vivía sin trabajar, a costa de la familia y de lo que conseguía robando. Era alto, moreno, de ojos verdes; guapo. Era el más joven de los varones de una familia modesta de tres chicos y una chica.

Todos cuantos lo conocieron de cerca en sus últimos años le desearon de un modo u otro la muerte, todos dijeron alguna vez: «Lo mejor sería que muriese...». Ahora ya ha muerto. Quedan solo los recuerdos y la pena, pero también la sensación de alivio de haber acabado una lucha agotadora e inútil.

Su vida terminó, pero su historia sigue íntimamente unida a otras historias que comenzaron antes de nacer él y que continuarán después de su muerte. Es ese tejido de vidas lo que he querido recoger en estas páginas, a las que hoy doy fin, de un modo simbólico, el mismo día en que un cantero ha puesto su nombre en la lápida gris del cementerio. El tiempo dirá si las palabras son más duraderas que la piedra.

Madrid, 9 de junio de 1989

PRIMERA PARTE

«De niños éramos tan felices».

ROSA, LA MADRE

Cuatro hijos (Pablo, Alberto, Luis y Lola), dos de ellos drogadictos: Pablo, que murió de sida hace año y medio, y Luis. Rosa trabaja como asistenta fija en una casa ocho horas diarias.

1

Penas no me han faltado, y lo que es trabajar, bastante llevo trabajado desde niña. Y para acabar, esto. Cuando ya ves a los hijos criados, cuando deberían ser ellos los que la ayudasen a una, pues eso: a seguir luchando. Y lo que es peor, para nada, para ver cómo ellos mismos se matan, que se ve, Señor, que yo se lo digo todos los días: «¿Pero tú no ves que te estás matando? ¿Tú no ves lo que le pasó a tu hermano?». Pero no sirve de nada. Horas enteras para encontrar una vena. Pincha por aquí, pincha por el otro lado: los brazos, los pies, las piernas... Ya no tiene dónde clavar la aguja. Grita y se desespera y acaba lleno de sangre como un cristo, da pena verlo, pobre mío, ¡qué tendrá esa cosa, oiga, que los coge de esa manera!

Y todos igual, aunque los míos nunca hicieron mal a nadie. Roban, eso sí, pero no se meten con la gente. A Pablo nunca lo cogieron; a Luis, sí. Tiene pendientes dos juicios y ha estado ya seis meses en la cárcel. El primer juicio fue por quitarles unas sortijas a unas mujeres. Lo denunciaron y después lo reconocieron, pero dijo el abogado que por algo así no le caería mucho tiempo, porque no les hizo daño, solo les pidió lo que llevaban, y como llevaban poco dinero les quitó las sortijas y unas cadenas de oro. Lo otro es más grave. Fue por un atraco a un banco, lo enredó un amigo. Luis solo tenía que vigilar, pero el otro llevaba una pistola y mató a un guardia. También a él lo mataron. Era un chico joven de allí, del barrio, yo lo conocía. Mi hijo cuando oyó los tiros escapó, salió corriendo y se metió en un bar, pero lo cogieron, y a mí me entró la policía en casa. Vinieron a registrar, lo pusieron todo patas arriba, yo no sabía qué hacían ni qué buscaban y me puse tan nerviosa que me dio un ahogo que me sentía morir. Este hijo me mata a disgustos, y el caso es que no es malo, tiene muy buen corazón y es incapaz de hacer daño a nadie. Y Pablo lo mismo, siempre fueron buenos chicos, pero las compañías, o la desgracia, yo qué sé...

A Luis empezó a irle mal desde que murió su mujer. Aquella noche él no durmió en casa y a ella le dio un ataque al corazón y murió sola, en la cama. A Luis le dio por decir que si él hubiera estado en casa, ella no se habría muerto. Cati tenía veintitrés años, igual que mi hijo. Llevaban tres de casados. Ella tenía un hijo de soltera, de otro hombre, y con mi hijo tuvo una niña. Fue el niño quien la encontró muerta. La llamó y, al ver que no le contestaba, se fue a buscar a una vecina. Era muy pequeño, pero se dio cuenta. Le dijo: «Mi mamá está muy fría y no me contesta cuando le hablo, me parece que está muerta...». Es un niño muy listo.

Aquella noche mi hijo y Cati habían discutido. Todas las parejas discuten, eso es normal, pero él la quería mucho. Desde que ella murió no ha levantado cabeza, va de mal en peor, dice que quiere acabar de una vez, todo le da igual, no tiene ilusión por nada. Los suegros dijeron que había tenido la culpa de que Cati muriese, ¡pero qué culpa iba a tener él! Se peleaban, como todas las parejas, y él tiene un pronto de mal genio, pero ella también lo tenía. Aquella noche él le dio un empujón o algo así, y ella tropezó y se hizo una moradura en la cara. Pero eso no tiene nada que ver con el ataque al corazón. Le habría dado igual aunque Luis hubiera estado allí; eso es una manía que a él se le metió en la cabeza.

Después de morir su mujer, pasó años sin querer ver a los hijos. Le daba vergüenza que supiesen que estaba en la cárcel y que lo viesen tan acabado. Este año la niña hizo la primera comunión. Fuimos todos. Los suegros no querían que fuese Luis, pero yo les dije que, si no iba él, no íbamos los demás. Se vistió bien y daba gusto verlo, y se emocionó mucho de ver a la niña ya tan mayor, lloró y todo. Pero no sirve de nada. Yo se lo digo: «Luis, hazlo por tu hija, hazlo por mí, deja eso, que te está matando...». Pero lo digo por decir, porque cuando lo veo así de arrastrado y de consumido no puedo evitar decírselo, pero ya sé que es inútil.

Así que yo también me voy acostumbrando. Le doy lo que puedo, pero guardo algo para mí. Ahora mismo vengo de comprar un abrigo negro para salir con Ramón y no desmerecer cuando vamos juntos y me presenta a sus amistades. Ramón fue mi primer novio. Ahora somos viudos los dos y andamos juntos otra vez. Salgo con él los sábados y los domingos y también en las vacaciones. Por mis hijos bastante hago, yo no soy como mi hermana, que vive agotada y consumida. Después del trabajo de ocho horas cogió dos casas, porque no quiere que su hijo robe, y trabaja ella para pagarle el vicio. Ha vivido amargada toda su vida y así sigue, es su manera de ser. Desde que se quedó viuda no sale de casa más que para trabajar. Es más joven que yo, pero parece diez años mayor. No se gasta una peseta en ella, ni en ropa, ni en salir con las amigas, ni en el cine; nada. Todo cuanto gana es para dárselo al hijo y que él se lo gaste todo en esa porquería y encima con amenazas y malos tratos. Hasta a mi madre, que vive con ellos, la trata mal. No le tiene ningún respeto ni consideración, y eso que lo crió, porque mi hermana trabajaba y fue mi madre quien le crió al hijo. Pues no quiera ver cómo la trata, hasta un empujón le dio que anduvo coja, la pobre, varios días. Que en eso mis hijos son otra cosa, a su abuela la tratan con respeto y a mí nunca me han hecho ningún daño, levantarme la mano o amenazarme, quiero decir, porque robarme, sí; a Luis le vale cualquier cosa. El televisor no, porque es tan viejo y funciona tan mal que no le dan por él ni cinco duros, pero el abrigo lo guardaré en la casa donde trabajo, porque si está sin cuartos es muy capaz de vendérmelo.

Un año por Reyes compré yo unos juguetes y unos pantalones para llevárselos a su hija y al hijo de Cati, porque me daba pena y vergüenza que no tuviesen nunca un regalo de su padre. Y se lo dije: «He comprado esto para tus hijos, que es una vergüenza que no tengan nunca un regalo tuyo...». Metí los regalos en un armario y cuando los fui a buscar el día de Reyes habían volado. Pensé que me habían entrado en la casa, porque no podía creer que hubiera sido él, después de lo mucho que se había emocionado y de cómo me había dado las gracias por comprar los regalos. Pero sí que fue, sí. Los vendió por dos duros, según me contó una vecina, allí mismo, a la puerta de casa, al primer gitano que pasó. Es muy bueno, pero cuando le falta para lo suyo, le vale cualquier cosa, así que yo lo poco que tengo de valor, este abrigo y un bolso de piel que me regaló Ramón y la paga del mes, lo guardo en la casa de la señora. Joyas ya no me queda ninguna. Tenía dos anillos de oro y una cadena con la medalla de la Virgen del Carmen, y todo se lo llevó el diablo. No me queda ni la alianza de su padre, ni el reloj de Pablo; nada. Lo que no me robó, lo vendí yo para darle los cuartos.

Pablo era diferente. Ese nunca pidió nada. Empezó con lo de la droga en un viaje que hizo a Benidorm. Allí conoció a Cristina. Ella siempre tenía droga. De lo que compraba vendía una parte y aún le sobraba dinero. Fue ella quien lo metió en ese rollo. Cristina era huérfana y la recogió de niña un matrimonio mayor y la crió como a una hija. Cuando conoció a mi Pablo ya estaba harta de dar tumbos. Tenía un hijo que vivía con los abuelos. Ahora los viejos están en una residencia, son gente de dinero, con una buena posición. Del niño no sé qué habrá sido, me parece que estaba interno en un colegio, pero no estoy segura. Cuando se juntó con mi hijo vinieron a meterse en mi casa. Ella tenía un piso aquí, pero preferían mi casa. A mí me gusta estar con gente y los hijos nunca me han estorbado, pero lo que me desespera es que nadie limpie la casa. Allí han llegado a estar muchas veces tres chicas jóvenes, las que vivían con mis tres hijos, y ninguna ha sido capaz de coger una escoba o fregar un plato. Comían y bebían hasta que lo ensuciaban todo, y allí lo dejaban, amontonado en la pila. Aquello parecía una cuadra; ni fregaban, ni hacían las camas, ni tendían la ropa que yo dejaba lavándose en la lavadora, ni siquiera la recogían si estaba tendida y se ponía a llover. A mí se me llevaban los demonios y aún siguen llevándoseme. ¡Cómo se puede vivir entre tanta porquería y tanto desorden! Pues hasta que yo volvía del trabajo, allí nadie pegaba golpe. Y mis hijos, que siempre han ido bien vestidos y bien planchados, la raya del pantalón bien hecha, las camisas impecables, que no iban más planchados ni más limpios los hijos de la marquesa donde yo servía, pues nada, mis hijos tan contentos, no se les ocurría nunca decirles haz esto o limpia aquello. Nada. Y de ellas no salía.

Yo con quien mejor me llevo es con Maribel. Es la mujer de Alberto. No están casados, pero ya llevan siete años juntos. Nunca se metieron en esos rollos de la droga. Ella era peluquera, aunque ahora no trabaja, pero vale para cualquier cosa. Es muy espabilada, muy lista. Lo que no consigo es que limpie la casa, ni siquiera lo que ensucian ellos. Tienen un piso que da gloria verlo. Alberto tiene ahora un buen trabajo y lo están pagando a plazos. Allí hay de todo: cocina con horno, armarios, lavadora, y todo reluciente, ¡como no lo usan! Y mi casa da asco verla. Yo limpio y pinto, pero llegan ellos y lo ensucian: fríen cualquier cosa para comer, salpican todo de grasa, el suelo, las paredes, y allí se queda goteando sin que ella le pase un paño. Mis hijos no lo hacen, no están acostumbrados, y al fin y al cabo son hombres, pero una chica joven como ella y sin tener nada que hacer en todo el día, ¡qué trabajo le costaría dejarlo como lo encontró, por lo menos!

Así que prefiero que usted no venga a casa, porque me da vergüenza enseñarla. Ya le cuento yo cómo es. Tiene dos dormitorios y una sala de estar y la cocina y una ducha. No tengo cortinas ni nada que se pueda vender. Todo está destrozado, sucio, quemado... Luis, cuando consigue encontrar una vena por donde meterse esa mierda en el cuerpo, se queda atontado, medio dormido, todo se le cae de las manos, y se pone a fumar y quema el suelo, las butacas, las sábanas, las camisas, que me da vergüenza tender la ropa tan llena de agujeros... Aunque allí, donde yo vivo, eso es tan corriente que a nadie le extraña.

2

Pablo no se quedaba alelado como Luis y nunca me pidió cuartos; se arreglaba solo, con Cristina. Tampoco tenía esas ansias que le dan a Luis, y si las tenía las pasaba solo, porque yo nunca lo vi así. Luis se pone a morir si le falta, pero Cristina se pone aún peor, se dobla por la cintura y se queda dura como una piedra, con los dientes apretados y temblando como una vara verde. No hay forma de enderezarla, parece que se le sueldan los huesos del espinazo y se queda así, doblada en dos, hasta que se mete la droga en el cuerpo. Cuando está así hay que metérsela por la nariz. Y qué tendrá esa cosa, oiga, que al minuto ya está completamente bien.

Después de morir Pablo, Cristina intentó dejarlo y también Luis. Los dos fueron a ese plan del Ayuntamiento donde los atiende un psicólogo y después los meten en el hospital y les dan pastillas hasta que se les pasa el mono. Pues con Cristina no hubo forma. A las veinticuatro horas de estar allí me llamaron por teléfono para que fuera a buscarla porque no quería seguir. Yo fui con un taxi y la saqué del hospital, pero ella ya sabía que tenía que dejar mi casa. Yo se lo había advertido: «Si haces por curarte, te puedes quedar, pero si no, tendrás que buscarte la vida». Después de ocho años le tengo cariño, pero no quería tenerla allí mientras Luis trataba de salir de ese enredo. Ella lo entendió, pero no acababa de irse. Un día sacaba una maleta, otro alguna ropa, pero volvía siempre y además citaba en casa a los que trapicheaban con las papelinas, así que cambié la cerradura para que no pudiese entrar y salir a su antojo. Al encontrarse la puerta cerrada entró por una ventana y se llevó las pocas cosas que yo conservaba de Pablo: un reloj y una cadena con una medalla. Fue una cosa fea por su parte y que yo no merecía, pero qué se puede esperar de una persona que no se preocupa de su hijo ni de los viejos que la recogieron.

A mí Cristina me da pena, pero no la quiero en casa. Mientras vivía Pablo era distinto, pero ahora ya tengo bastante con Luis. El otro día me dijeron que había muerto. No me extrañaría, porque seguramente tiene lo mismo que Pablo. Le dije a Luis que fuese al piso donde ella vive, a enterarse, porque la verdad es que tenía remordimientos de haberla dejado morir sola como un perro. Pero resultó que no era cierto. Le dijo que había un tipo que iba por ahí diciendo eso, no se sabe por qué. Me contó Luis que estaba hecha una reina, gorda y de muy buen ver. Ahora se dedica al negocio en serio: ha arreglado la casa y va bien vestida y bien peinada. Dicen que da gusto verla. Y mi Pablo, muerto. Y mi Luis, hecho un desgraciado. Ya ve lo que son las cosas.

No es que a mí me parezca bien que se dedique a vender droga, pero, ya que está metida en eso, por lo menos que le saque algún provecho, que mientras viva disfrute de algo, y no como Luis, siempre agobiado, siempre arrastrado para conseguir ese veneno. Y cuando lo consigue le entra esa modorra que ya no da pie con bola, y así hasta el día siguiente, y vuelta a empezar, que eso no es vivir ni es nada.

Pablo no era así. Él estaba siempre espabilado, tenía ilusión por las cosas, hacía planes, compraba ropa. El televisor me lo compró él, hace ya muchos años, y también compró el vídeo. A veces ganaba mucho dinero. Dice Alberto que, si hubieran ahorrado todo lo que se gastaban en droga él y Cristina, pasaría de cien millones de pesetas. ¡María Santísima! No puede ser cierto. Dice que gastaban entre sesenta y ochenta mil pesetas diarias. No se puede creer. Y total para matarse, que ni lo disfrutan.

Luis no gasta tanto, se apaña con mucho menos, siete u ocho mil pesetas, calculo yo, por lo que saca de la máquina. Cuanto más tiene, más gasta, aunque a veces yo he tenido que ir a comprarle una papelina, alguna noche de las que está enfermo y con fiebre, y con dos mil pesetas se arregla hasta el día siguiente.

Pablo vivía también en mi casa, pero nunca me pidió nada. Entraba y salía, se veía con amigos, y al final, cuando ya estaba muy enfermo, jugaba partidas en casa, apostaban dinero. A mí no me gustaba nada que jugasen allí. Venía un montón de hombres, lo llenaban todo de humo y de colillas y lo ponían todo perdido. Cristina tiene un piso grande, mucho mejor que el mío, y yo pensaba: «¿Por qué no se van a su casa a hacer todo esto?». Me parece que no se iba porque le daba miedo quedarse solo. Estaba con Cristina, pero como ella también se droga no le daba seguridad. Cuando se ponía mal, siempre era yo quien lo llevaba a urgencias o la que llamaba al médico. Cristina podía hacerlo igual que yo, pero no lo hacía. Esperaban a que yo llegase de trabajar para ir al hospital. Era como si no se fiasen el uno del otro.

Pablo tenía miedo a morir solo. Eso le pasa a todo el mundo, nadie quiere morir solo, pero ellos, los que se drogan, tienen más miedo, porque saben que les puede pasar en cualquier momento. Y fíjese lo que son las cosas: al final se murió solo. A los médicos y a las enfermeras no les gustan los que tienen eso, les da miedo que los contagien. Ya una vez que estuvo ingresado noté que lo trataban con aprensión. La enfermera que le ponía las inyecciones venía siempre con muy malos modos. «No te muevas —le decía—, que como me pinche por tu culpa te rebano el pescuezo». Que no son maneras de tratar a un enfermo, pero contaban en el hospital que uno de estos enfermos de sida le había clavado a una enfermera la misma aguja que ella había usado para ponerle una inyección. Si es verdad, es lógico que tengan miedo. Están desesperados, ven que todo el mundo los trata con desprecio y se aparta de ellos, y por eso se revuelven y hacen daño. Pero mis hijos no son así.

Pablo no tenía sida, solo tenía anticuerpos. Nos dieron un papel con las instrucciones: que no usáramos el mismo cepillo de dientes ni el peine ni las cuchillas de afeitar. Y que usase preservativos. Ni falta que le hacían, creo yo. Seguro que él y Cristina ya ni se acostaban. Dormir juntos sí, pero nada más. Al final pasaban las noches viendo películas en el vídeo, tres o cuatro cada noche, hasta que se hacía de día. Cuando yo me levantaba para ir a trabajar, ellos se iban a la cama, a las siete de la mañana, y dormían hasta media tarde. Se levantaban y tomaban cualquier cosa, lo que yo les dejaba preparado o un bocadillo. No viven como la gente normal, no tienen voluntad, o no pueden, yo qué sé.

Muchas veces pienso que, si aquel día hubiera dejado a Pablo en casa, aún estaría vivo. Llevaba una temporada muy mal, no comía y no hacía más que toser. Su hermana le dijo que fuese a pasar unos días con ella a Valencia, por si la cercanía del mar le abría el apetito y mejoraba. Pero se puso peor y lo llevaron al hospital. Allí fue donde le dijeron que tenía tuberculosis y anticuerpos. Le pusieron un tratamiento y mejoró mucho. A las dos semanas lo dieron de alta y volvió a mi casa. De la tos estaba mejor, pero tenía ahogos. Aquel día lo llevé a urgencias porque respiraba con mucha dificultad y los labios se le iban poniendo negros. Lo metieron en la UVI y me dijeron que me fuera, que si había alguna novedad ya me avisarían. Así que les di el teléfono de la casa donde trabajo y me fui. Como no hubo ningún aviso, cuando acabé el trabajo volví por allí y le pregunté a una enfermera, que no sabía nada, y después a otra, que le fue a preguntar a un médico. Después de estar allí esperando más de una hora, volvió la enfermera y me dijo que mi hijo acababa de morir.

Lo que más siento es que se muriese solo. Yo sabía de sobra que no iba a durar mucho; igual lo sé de Luis. ¡Pero morir así! ¡Ni siquiera se enteraron de que había muerto! Lo dejaron allí metido, y si no llego a preguntar por él ni se habrían enterado de que estaba muerto. Peor que un perro. Dijeron que acababa de morir, y no era cierto. Tenía la boca abierta y también los ojos, y no se los pudimos cerrar. Estaba completamente frío.

A mi padre yo le cerré los ojos cuando murió, y a mi marido también. Yo estaba a su lado cuando murieron. Pienso que así debe ser. Es muy triste morir sin nadie de la familia al lado, ni siquiera una persona que le cierre a uno los ojos. A mí no me gustaría que me enterrasen con los ojos abiertos. Los otros hermanos los tienen verdes como su padre. Pablo era el único que los tenía azules, como los míos. Qué pensaría, pobrecito mío, de verse allí solo, a quién miraría. Me dio mucha pena dejarlo ir de aquella manera, con los ojos abiertos...

3

En mi casa, en la casa de mis padres, éramos pobres, pero no había problemas de estos que yo tengo con mis hijos. Entonces no había droga, pero la verdad es que había muchos borrachos. Era muy corriente que el marido bebiese y le diese mala vida a la mujer y a toda la familia. O que saliesen hijos borrachos o jugadores, sobre todo en las casas ricas, que más de una se arruinó por ese vicio. Pero en mi casa, no. Mi padre era muy buena persona y también sus hermanos, y todos los hijos hemos salido serios y trabajadores.

Mi padre y mis tíos eran carpinteros. Hacían muebles y también cajas de muertos y maletas para los quintos. Las cajas de muertos las hacían con las tablas de las cajas de sardinas. Las pintaban de negro, y algunas, las más caras, las forraba mi madre con un crespón negro. De muchas aldeas de alrededor venían a encargar cajas a mi padre, de eso vivían hasta que llegó la guerra.

Cuando llegó la guerra mi padre y mis hermanos se fueron... se fueron con... se fueron con los rojos. Él era una buena persona, lo que pasa es que era republicano. Ahora, según me dicen en la casa donde trabajo, ya no está mal visto haber sido de los rojos, pero después de tantos años oyendo hablar de ellos como si fuesen el diablo, sigue pareciéndome que no lo puedo decir, que es una cosa mala, aunque piense que ya no. Mi padre no se metía con los curas ni con nadie y siempre fue trabajador y muy bueno con mi madre y con nosotros. Solo que tenía sus ideas, y al empezar la guerra se fue con los rojos. Yo tenía cuatro años, pero me acuerdo de algunas cosas.

Me acuerdo de ver a mi madre metiendo en un hato calcetines y camisas. Mis hermanos le preguntaron que por qué le ponía a papá la ropa en un hato y ella les dijo que iba a estar fuera unos días. Dijo unos días, de eso me acuerdo, y tardó un montón de años en volver. ¿Cuánto duró la guerra...? Pues los tres años de la guerra y los dos que estuvo en un campo de *reconcentración* y después dos más en la cárcel, de resultas de un juicio por tener una escopeta que no debía tener. No sé bien lo que pasó, pero el caso es que por el asunto de la escopeta lo llevaron dos años más a la cárcel. En total, siete años fuera de casa. Cuando volvió, no me reconocía.

A mis hermanos los había visto alguna vez porque mi madre los llevaba con ella cuando iba a verlo a la cárcel. La primera vez que fue no pudo hablar con él ni casi verlo. Las mujeres que querían ver a sus maridos tenían que acostarse con los guardias para conseguir el permiso. Mi madre no quería hacer eso y estaba allí llorando cuando apareció el Escopeta, un chico al que mi madre había lavado la ropa cuando estuvo de soldado en el pueblo. De eso habíamos vivido durante toda la guerra. Mi madre les lavaba la ropa a los soldados y ellos nos daban la comida del rancho. Eran buena gente. A la hora de comer nos llamaban a los niños, y los primeros platos que se llenaban eran los nuestros. El Escopeta le dijo a mi madre: «No llore, que ahora los van a sacar al río y allí podrá verlo». Y así fue. Los llevaban a un recodo del río para que se lavasen, y allí cerca había un puente. El Escopeta y mi madre se apostaron en el puente y desde allí pudo verlo y mi padre también a ella. No pudieron acercarse ni hablarse, pero por lo menos se vieron y no hizo el viaje en balde, que casi tardaba un día entero en ir y volver. Después el Escopeta le consiguió un permiso para poder verlo en la cárcel y hablar con él, pero a mí no me llevó nunca porque era un viaje muy largo y yo era la más pequeña de los hermanos. Y, además, yo estaba viviendo con unos vecinos en el pueblo de al lado.

Durante la guerra se pasó mucha hambre, y como el lavar daba para poco, todos los hermanos y los primos vivíamos en casa de los abuelos, que eran cosecheros de vino. Según me contaron, uno de los amigos, que le compraba el vino a mi abuelo y que no tenía hijos, le dijo un día: «A mi mujer le hace falta compañía y a ti te sobran bocas que mantener». Y me llevó con él. Me trataban como a una hija y estuve con ellos hasta los catorce años, en que murió la mujer, y mi madre quiso que volviese a casa.

Cuando yo tenía once años, mi madre mandó recado para que yo fuese a ver a mi padre, que acababa de salir de la cárcel. Me pusieron el mejor vestido que tenía y los zapatos nuevos y me mandaron para mi pueblo. Me mandaron en el coche Correo para que no me ensuciase los zapatos ni el vestido por el camino. Aquel fue el primer viaje que hice en coche, porque para ir al pueblo iba siempre a pie o en la mula o en el carro. Solo los muy viejos o los muy tullidos cogían el Correo, pero es que los que me tenían recogida querían que mi padre viese lo bien que estaba. La verdad es que yo estaba muy contenta con ellos. Ayudaba un poco en el bar y en la casa, pero me trataban bien y andaba bien comida y bien vestida.

Cuando llegué a casa, mi padre no estaba y mi madre me dijo:

—Espera aquí y, cuando él venga, sales a la calle y te cruzas con él, a ver si te reconoce.

Se puso en la ventana y cuando vio venir a mi padre me dijo:

—Mira, es aquel que baja por la cuesta; vete por la puerta de atrás y pasa a su lado, a ver qué hace.

Yo hice lo que ella me dijo y me fui acercando a mi padre, mirándolo de reojo. No me acordaba en absoluto de él, me pareció muy viejo y muy triste, pero, no sé por qué, yo esperaba que él me reconociese. Iba muy arreglada, como si fuese domingo, toda de estreno y con un lazo en el pelo. Nos cruzamos y mi padre ni siquiera me miró. Yo seguí cuesta arriba sin atreverme a hablarle, y él cuesta abajo, pensando en sus cosas. Pero entonces una vecina que estaba a la puerta de su casa le gritó:

—¡Juan! ¿No le dices nada a tu hija?

Mi padre se volvió y se quedó un momento quieto, mirándome como atontado. Y de pronto dijo:

—¡Rosa! ¡Es mi Rosa!

Y vino corriendo con los brazos abiertos y me apretó contra él, llorando y diciendo: «¡Mi Rosa! ¡Mi Rosita!...». ¡Pobre!, ¡cómo lloraba! Y también la vecina y otros más que salieron después, y mi madre, que nos veía desde la ventana. Y al final yo, que estaba tan contenta, también acabé llorando de ver llorar a todo el mundo.

4

Después de ver a mi padre volví con la gente que me tenía recogida, porque en la casa éramos cuatro hermanos y no sobraba de comer. Estuve allí hasta los catorce años, que fue cuando murió la señora. Yo era ya una chica, me dejaban ir al baile y todo, porque me hice mujer muy pronto y siempre fui de mucho pecho y guapa. Pienso que fue por eso por lo que mi madre quiso que volviese con ellos. En los pueblos la gente habla y, además, a veces pasan cosas raras. A mí el hombre me trataba como a una hija y, si no llega a morirse su mujer o si mi madre no me hubiese llamado, a estas horas mi vida sería muy distinta. Eran gente acomodada y me querían mucho. Pero estaba de Dios que yo no había de ser rica.

Al dejar a aquella familia, mi madre me puso a servir. Fui para Huesca de niñera y estuve en la misma casa desde los catorce hasta los diecisiete años. Tenían cuatro hijos, la pequeña era una cría, un bebé de un año, y la mayor era como yo. Yo me ocupaba de todo lo de los niños: cuidaba a la pequeña, les lavaba la ropa, la planchaba, los llevaba al colegio y también dormía con ellos y los atendía si lloraban por la noche. En aquellos tres años quedé más harta de niños que un gato de tripas. Con la mayor me llevaba mal, porque no me obedecía y quería gobernarme, y la pequeña amanecía todos los días rebozada en caca hasta el pescuezo. Me daba mucho asco tener que limpiar todo aquello, pero aguanté hasta que conocí a Ramón.

En vacaciones iba a mi pueblo y en septiembre ayudaba a mis abuelos en la vendimia, a recoger la uva y a pisarla. Allí conocí a Ramón. Lo conocía desde niño porque somos del mismo pueblo, pero de pequeños no nos tratábamos porque él es dos años mayor y en esas edades se nota. Él trabajaba para mi abuelo y por la noche estudiaba; siempre le gustaron mucho los libros. Aquel verano, cuando yo tenía diecisiete años, empecé a salir con él.

A mi madre nunca le gustó Ramón, no sé por qué. Decía que era un pinta y que salía conmigo para reírse de mí. No era cierto. Ramón era muy guapo y tenía labia, pero era un buen chico. No tenía dinero, pero era trabajador, se hizo maestro estudiando él solo por las noches. Lo que pasaba era que había algunas chicas que iban detrás de él, y él se dejaba querer; eso es normal. Aquel verano le dije a mi madre que me buscase otra casa, que estaba harta de niños y que quería trabajar de doncella o de cocinera. Mi madre sospechaba que era por Ramón, pero como también tenía otro pretendiente, que ese sí que le gustaba a ella, se calló y no dijo nada.

El que le gustaba a mi madre era un chico que trabajaba en el tren. Era de familia rica, sus padres tenían fincas y vacas de leche y cerdos. Lo habían metido en lo del ferrocarril para sacarlo del trabajo del campo. Era revisor o algo así, pero muy paleto, no tenía conversación ni maneras, no se podía comparar con Ramón. Yo no quería salir con él, pero él iba a buscarme o le preguntaba a mi madre por mí y, como a ella le parecía bien, estaba todo el día dándome la tabarra con que si era un chico muy serio y que era rico y que buscaba una mujer para casarse y no para perder el tiempo o para aprovecharse, como otros. Total, que por no oírla salí tres veces con él, y a la tercera estaba ya tan harta que le dije: «Si tanto le gustas a mi madre, que se case ella contigo...». Y lo dejé plantado. Hubiera tenido que decírselo a mi madre y no a él, que, bien mirado, no tenía culpa ninguna, pero con el genio que gastaba mi madre cualquiera se atrevía.

Cuando mi madre se convenció de que no había nada que hacer con el ferroviario, me buscó casa en Madrid para trabajar de doncella. Lo hizo para apartarme de Ramón, porque casas también había allí, o en Badajoz, que está a un paso. Pero Ramón en cuanto lo supo se apuntó de voluntario para hacer la mili en Madrid. Un día fue a mi casa y preguntó por mi padre. Mi madre, que lo vio venir, salió a la puerta y le dijo:

—No está. ¿Qué le quieres?

Y Ramón le contestó:

—Quiero que me haga una maleta.

Ramón aún se acuerda de la cara de mi madre al oír tal cosa. Se puso en jarras y le preguntó:

—¿Y para qué carajo quieres tú una maleta?

Ramón se puso tieso y le dijo:

—Me voy a Madrid a hacer la mili, de voluntario. Ya he echado la instancia al correo.

Mi madre, rabiosa, le soltó:

—¡Lo que tú te vas es detrás de mi hija! Pero no te saldrá bien porque ahora mismo le digo que se vuelva.

Y Ramón también se engalló y le replicó:

—Usted dígale al señor Domingo que quiero una maleta y después haga lo que le dé la gana.

Mi madre me mandó a buscar, desde luego, pero yo no le hice caso. Me encontraba a gusto en la casa en que estaba y no volví al pueblo.

Cuando llegó Ramón a Madrid empezamos a salir juntos y no hicimos nada malo, aunque ocasiones no nos faltaron. Él estaba en El Pardo y yo salía los jueves y los domingos después de fregar a mediodía. Como no teníamos cuartos para ir al cine pasábamos las tardes paseando por El Pardo, toda la tarde solos, por el campo, que no había un alma. Pero Ramón lo más que hacía era darme un beso, así, ligerito, que pienso que era por darle en los morros a mi madre y que no tuviese nada que decir. Siempre fue muy orgulloso y le ofendió mucho que ella no lo quisiese.

Así estuvimos ocho años. Yo estaba ya un poco aburrida, las cosas como son. Fueron muchos años de novios y siempre lo mismo. Él estudiaba y tenía la ilusión de ser maestro, pero yo estaba todo el día metida en casa, trabajando y con poco provecho. Casi todos los cuartos se los mandaba a mi madre y, de lo poco que guardaba para mí, raro era el mes en que no tenía que pagar alguna cosa que rompía, un vaso o un plato. La dueña de la casa me lo descontaba del sueldo, eso era entonces lo corriente. En las tardes libres seguíamos yendo a pasear y alguna vez al cine. Al baile íbamos poco porque a Ramón no le gustaba bailar y además porque era más caro. Él estaba ya trabajando, se había quedado en el ejército y ganaba un sueldo, pero no hacíamos planes de casarnos porque él tenía que mantener a su madre, que se había quedado viuda, y a una hermana más joven, que no trabajaba. Así que en aquellos ocho años paseé mucho. Entonces apareció Pepe y en un año me casé con él, y cuando me casé iba ya preñada de cuatro meses.

Eso fue lo que más le dolió a Ramón: «Ocho años respetándote —me dijo— para que después venga otro con sus manos limpias y se aproveche de lo que yo he guardado...». Porque Ramón quería que yo fuese al altar como Dios manda, de blanco y con ramo de azahar. Antes a esas cosas se les daba mucha importancia y él, además, tenía aquel puntillo de poder decirle a mi madre: «Ya ve que no tenía por qué desconfiar de mí...». Y también que Ramón es muy religioso, siempre lo fue, en su casa todos eran muy de misa y de iglesia y él sigue lo mismo. A su hijo pequeño lo tiene en un colegio de frailes, y las dos chicas fueron a uno de monjas. Pepe, mi marido, decía que era un meapilas, pero no era cierto. Lo que pasaba es que él había vivido aquello en su casa y a mí me quería para casarse y no quería que tuviera que avergonzarme de nada. Por eso me respetaba y por eso le dolió tanto lo que pasó. Aún me lo dijo hace poco tiempo:

—No sabes cómo me dolió que correspondieras tan mal a mi respeto. Desde entonces con todas las novias que he tenido me he acostado, por aquello que tú me hiciste.

Ya ve. Han pasado más de treinta años y aún le escuece. Y qué culpa tendrían las otras de lo que yo le hice, digo yo. Pero los hombres son así...

5

A Pepe lo conocí en un baile. Ramón se había ido de vacaciones, esas vacaciones que les dan a los soldados, diez días. Me dijo que iba a ver a un hermano que tenía en Zorita, cerca de Badajoz. Y nada más irse, me llamaron por teléfono, una voz de mujer, y me dijo:

—¿Es usted la novia de Martínez? Pues sepa que no es cierto que haya ido a ver a un hermano. Ha ido a ver a una mujer que tiene en Zorita.

Me lo dijo así, con una voz muy flamenca. Y yo le contesté:

—Pues cuando venga se va a encontrar con lo que no piensa.

Era por Año Nuevo y yo tenía una amiga que estaba siempre en el baile. Eso entonces estaba mal visto, yo solo iba con Ramón, pero, como estaba rabiosa, cogí y fui. Y nada más entrar vi a Pepe. Era un hombre muy guapo, llamaba la atención: alto, moreno, bien plantado y con unos ojos verdes preciosos. Yo también era buena moza y con una delantera mejor que la del Real Madrid, como decía Pepe. Siempre tuve mucho y entonces, con veinticuatro años, imagine. Aquel día en el baile Pepe no me quitaba el ojo de encima, venga a mirarme, y una vez me hizo un gesto así con la mano, como quien remueve natillas, para que fuese a bailar con él. Y yo hice como que no lo veía. Entonces se acercó y me preguntó muy fino: «Señorita, ¿me hace el favor de bailar conmigo?». Y yo le dije que sí, porque la verdad es que lo estaba deseando.

Empezamos a bailar y enseguida me dijo que quería salir conmigo. Yo le dije que tenía novio, pero que estaba enfadada con él y que por eso estaba allí. Pero él insistió y quedé para salir al jueves siguiente. Le dije que me esperase al lado de la casa de mi hermana, que también estaba sirviendo.

Llegó el jueves y fui para allá. Mi hermana me preguntó muy extrañada: «¿Qué haces por aquí?». Porque, como era tan mística, no salía nunca y nos veíamos poco. Le conté la historia y le pedí que mirase con disimulo por el balcón a ver si estaba Pepe. Se asomó por entre las cortinas y dijo:

—¿Es un hombre alto, de pelo rizado, con traje azul marino y una gabardina echada sobre los hombros?... Pues ahí está. Y también Ramón.

Ramón había llegado en el coche de línea que paraba allí mismo y, al ver a Pepe frente al portal de la casa de mi hermana, había tenido el presentimiento de que me estaba esperando a mí. Y se había plantado allí y no pensaba moverse hasta ver qué pasaba.

Como no era cuestión de tener a los dos esperando, cogí y bajé. Fui primero hacia Pepe y le dije:

—Tú espera aquí, que yo voy a aclarar una cuestión y ahora vuelvo. Ese que está ahí es mi novio, pero yo voy a salir contigo.

Fui a Ramón y le dije que podía volverse por donde había venido, que se fuese con la novia de Zorita. Él se quedó helado, dijo que no entendía nada y juró que no era cierto. Y lo sigue diciendo. De Zorita era su mujer, pero él dice que la conoció mucho después y que la tal llamada debió de ser de alguna que no quería que estuviésemos juntos. Pero yo seguí con la mía. Lo cierto era que estaba un poco aburrida después de ocho años de relaciones y sin plan de boda: cine y paseo, paseo y cine, siempre lo mismo. Y Pepe me gustaba: era mayor, tenía más experiencia y sabía más. Empecé en broma, por darle celos a Ramón, por picarlo un poco, y acabé enredándome. Me lo hizo pasar muy mal.

Pepe era muy desconfiado. Siempre estaba diciendo:

—Seguro que tú con Ramón lo hiciste todo. ¡Ocho años! ¡Me vas a contar a mí! Seguro que lo hiciste.

Y yo le decía:

—Ya lo verás cuando llegue el momento. Si es cierto que se nota, ya verás tú cómo no hubo nada.

Pero él dale que dale a la matraca un día y otro, y venga y dale y porfía que te porfía con que yo lo tenía que haber hecho todo con mi novio. Hasta un día en que bebí más de la cuenta y al fin piqué y le dije: «Vas a ver cómo no...». Y a partir de ese día ya hizo conmigo lo que le dio la gana.

Me quedé embarazada, y decía que no era de él. Bien sabía que no había otro, pero no quería comprometerse, pasaba ya de los treinta y estaba acostumbrado a la libertad. Y mientras, Ramón venga a llamar, hasta que le dije que no llamase más, que lo que no había hecho con él lo había hecho con Pepe. Aun así insistió. Decía que yo era una buena chica y Pepe un sinvergüenza que me había enredado. Pero yo lo conozco y no quería que toda la vida me estuviese refregando por las narices lo que había hecho, así que le dije: «Se acabó y se acabó». Y me casé con Pepe.

En cuatro años tuve cuatro hijos. Pepe estaba de chófer en casa de una marquesa y yo entré de doncella. A mí me llevaron para una finca que tenían en el campo y allí me pasé cuatro años, mientras Pepe estaba en Madrid, haciendo lo que le daba la gana. Yo tenía que hacer la comida para la gente que trabajaba en la finca y tener todo limpio y preparado para cuando llegaban los señores. Los niños estaban conmigo en el campo y crecían sanos y yo podía ocuparme de ellos, pero me sentía muy sola. Pepe era muy celoso y no quería que saliese para nada de la finca ni que tuviese amistades. Lo pasé muy mal. No era un mal hombre, con los niños era bueno y a mí no me maltrataba, pero era muy mujeriego, siempre con otras, y yo trabajando y encerrada en casa.

Después, cuando ya se fue calmando, las cosas fueron mejor. Pero no fui feliz con él. Cuando murió lo sentí mucho, eso sí. Pasé tres años enteros sin salir, sin ver a un hombre, porque le tenía cariño; veinticinco años juntos, cómo no se lo iba a tener. Pero feliz no fui, ni siquiera como mujer. Pasarlo bien, lo que se dice pasarlo bien, yo no lo pasé hasta que no me acosté con Ramón. Ya de vieja, casi con sesenta años, ya ve. Pero mientras estuve casada nunca hice por verlo.

Una vez, cuando estaba en la finca, me rompí una mano y me mandaron al médico de mi pueblo, que vivía muy cerca de la madre de Ramón. Pasé por allí y, como me quería tanto, entré a saludarla. Ella insistió mucho en que me quedara a comer. Me dijo que Ramón estaba fuera, y por eso me quedé. Cuando ya estaba la mesa puesta apareció él. Yo tenía ya los cuatro hijos, pero aún no había cumplido los treinta y estaba muy guapa. No me quitaba los ojos de encima. Al acabar de comer me acompañó al coche de línea y fuimos hablando por el camino. Habían pasado seis años desde mi boda y él ya tenía novia, con la que se casó al año siguiente, pero me volvió a decir que aquello de la novia de Zorita era mentira y que yo había obrado a la ligera dejándolo. Y cuando nos despedimos dijo:

—Verás cómo te arrepientes. Pepe no es un hombre para ti.

Creo que tenía razón. Con Ramón seguro que hubiera vivido mejor: más estimada, más descansada y satisfecha, en todos los sentidos. Y él también lo habría pasado mejor conmigo. Su mujer no era fea, pero era poquita cosa, siempre con mala salud y más sosa que una mata de habas. Era buena chica y de buena gente, pero él a mí no me olvidó nunca, ni yo a él. Juntos podíamos haber sido felices. Así es la vida.

6

Con mi marido no fui feliz. Sin embargo, mientras él vivió no tuve problemas con los hijos: fueron buenos niños y buenos chicos.

Cuando eran pequeños eran la envidia del barrio: guapos, sanos, bien vestidos, salían de casa que no se les posaba una mosca encima. Pero las compañías...

Allí en el barrio cualquiera puede ver que hay dos clases de chicos: los que trabajan y los que están en la droga. Yo no sé por qué unos se meten en eso y otros no, se lo digo de verdad. Dicen que si es por la familia y el ambiente. Pues los míos tuvieron, los cuatro, la misma educación, fueron al mismo colegio, les dimos a todos el mismo trato; además, los tres varones son de la misma edad, porque se llevan solo un año de uno a otro. Así que ya me dirá por qué dos fueron a caer en ese infierno y Alberto, al contrario, no quiere ni oír hablar de la droga. El caso de la niña, de Lola, podría ser diferente, por ser mujer, pero los chicos, ¿por qué salieron tan distintos?, ¿cómo se explica? Eso es cosa de Dios. O del diablo. Es el destino de cada uno.

Alberto, desde niño, siempre fue distinto de los otros. No en el físico, en esto no puede negar que es hermano, pero en el carácter no se les parece en nada. Ya de pequeño tenía gustos diferentes. A todos les gustaba venir a meterse en nuestra cama, conmigo y con mi marido. Muchas noches Lola se ponía a gritar diciendo que tenía miedo, y su padre dejaba que se pusiese entre nosotros. Y los domingos por la mañana venían los tres corriendo, Lola, Pablo y Luis, y, como no cabían, se peleaban por el sitio y había que hacer turnos. Pues Alberto nunca venía. Se quedaba en su cama leyendo un cuento o jugando; no le gustaba venir a la nuestra. Su padre le tomaba el pelo, le decía: «Tienes miedo de que te peguemos la vejez».

Cuando llegó el tiempo de ir al colegio, él hizo amistades diferentes, ya desde entonces escogió muy bien a los amigos, y siempre le ha gustado ir bien trajeado y relacionarse con gente fina. Lo que pasa es que es muy suyo. A Luis nunca lo fue a ver a la cárcel y, aunque vea que se está muriendo por un pico, no le da dos mil pesetas para remediarse. Yo sé que es como darle un veneno para que se mate despacio, pero cuando una lo ve sufriendo de esa manera, hace falta tener entrañas de lobo. Yo no puedo verlo así y le doy lo que tengo. Pero Alberto, no. Se va de casa y deja a su hermano allí, rabiando como un perro.

A veces pienso si no tendría celos de pequeño. Como Pablo era el mayor, Luis el pequeño, y la niña la única mujer, pues él se quedaba ahí en el medio. Pero nosotros los queríamos a todos igual y a la hora de comprarles juguetes o vestidos no hacíamos diferencia

Era él quien no quería compartir las cosas con los otros, siempre fue muy egoísta. Su padre le decía: «Si fueses el sol, nos moriríamos de frío. Tú no das ni los buenos días». Pero, por otro lado, tiene buen corazón. A mí siempre me hace un regalo por mi santo y cuando me ve muy apurada de cuartos me ayuda. Seguro que me daría más si no fuese por Luis. Hace poco, por Navidad, me regaló una vajilla de media docena de platos, muy bonita y muy bien colocada en su caja. La guardé en la parte de abajo de un mueble que tengo en la cocina, y el otro día, al ver por el suelo unas pajas de esas brillantes, ya me dio el corazón lo que había pasado. Fui a mirar y la vajilla había volado. Alberto me dijo:

—La culpa es tuya. Si la sacases de la caja y la usases, la disfrutaríamos todos; pero tú igual prefieres que la disfrute solo Luis.

Le da rabia que lo que él gana trabajando lo malgaste el otro en esa porquería, yo lo comprendo. Alberto siempre fue el más trabajador de los tres chicos. Lo que no le gusta es estar sujeto y por eso cambia mucho de trabajo, pero siempre encuentra la forma de ganar la peseta. Su oficio es sastre, pero ha hecho mil cosas. Es muy mañoso. Los muebles de su casa los ha hecho todos él: la cama, los armarios, las mesas del comedor y de la cocina. También ha trabajado en una discoteca y vendiendo libros. Vale para cualquier apaño. Lo que no le gusta es estar sentado, quieto en un sitio. De sastre le iba muy bien, tenía un taller y ganaba dinero porque hacía cosas bonitas y a buen precio. Esta blusa y el abrigo de color que llevaba yo el otro día eran de él. Me los regaló porque tienen una tara. El abrigo es un poco corto, pero se puede llevar. Vendía mucho, pero como tenía que estar allí sin moverse lo dejó. Ahora trabaja de representante de una empresa de materiales de construcción, azulejos de baño, terrazo y cosas de esas. Le va muy bien. Gana doscientas mil al mes y aparte las comisiones. Se ha comprado un coche grande y un piso, a plazos, pero ya lo tiene, y va muy bien vestido. ¡Cuando pienso que Luis podría estar igual...!

Alberto nunca se metió en la droga, ni tampoco bebe. Fuma mucho, eso sí; dos paquetes diarios. Sabe que no le conviene, su padre murió de cáncer de pulmón a los cincuenta y cinco años. Pero como él solo tiene treinta, le parece que morir a los cincuenta y cinco es normal. Dice que a esa edad no le importa morir. Ya le importará cuando lo tenga más cerca, y entonces ya no habrá remedio. Cuando se pone tan duro con su hermano, yo se lo digo: «Pues tú tampoco dejas la fumarreta, y bien no te hace». Es diferente, ya lo sé; con eso no hace daño a nadie y, además, es barato y puede trabajar; en fin, no tiene nada que ver. Yo pienso que debería ser más comprensivo con su hermano, pero es que no puede con la droga, para él lo peor que se puede ser en el mundo es drogadicto. A mí me parece que exagera, pero él piensa de esa manera.

A quien más quiere en el mundo es a su hijo. Ni padres, ni hermanos, ni mujer, ni nada. El hijo le debe de parecer más suyo que nadie y por eso lo quiere. Un día que Maribel y él andaban a la greña, le dijo: «Tú vete si quieres, pero el niño se queda conmigo». Lo conozco bien y sé que no hablaba en broma, eso que a Maribel también la quiere mucho. La tiene en casa sin trabajar, sin más obligación que llevar al niño al colegio y recogerlo. Ella es peluquera y digo yo que podría trabajar en eso o por lo menos ayudarme a mí en la casa, porque comen allí y no limpian ni lo que ensucian. Y ni siquiera aprende a cocinar; se las apaña con dos frituras: huevos o carne, siempre lo mismo. Pues Alberto no le dice nada, ni protesta de nada, todo lo consiente y todo le parece bien, ¡él!, que era tan exigente con las comidas. Yo se lo digo: «Dos que duermen en un colchón se hacen de la misma condición». Así que enamorado de ella está, pero al niño lo quiere aún más.

Un día lo oí discutir con Maribel por culpa de Luis. Ella quería ir a verlo a la cárcel, hay que decirlo todo, para eso es muy dispuesta. Siempre es ella la que arregla los papeles del juzgado y la que habla con la abogada. Pues aquel día ella le decía a Alberto que la acompañase o por lo menos que la llevase en el coche, porque tenía que ir cargada con una bolsa de ropa y con un paquete de comida. Y Alberto le dijo que si quería ir que fuese en metro, que el coche le hacía falta a él y que tenía otras cosas que hacer que ir a perder el tiempo a Carabanchel; que él no quería saber nada de eso. Maribel le dijo que parecía mentira que se portase así con un hermano. Y entonces él, muy cabreado, le dijo que Luis no era su hermano, que no era una persona, que un drogadicto no era nada, menos que un perro, que por lo menos hace compañía y defiende a su amo, y que lo mejor que podía hacer era morirse de una vez. Maribel le dijo:

—No hables así, que tienes un hijo.

Y Alberto le replicó:

—No me importa lo que haga o lo que sea cuando crezca. Puede ser homosexual o ladrón; yo siempre le ayudaré. Pero si un día lo veo con una jeringa o con una papelina en la mano, le corto los brazos.

Y pienso que igual tiene razón, que quizá es mejor cortarles las manos el primer día o matarlos de una vez y no verlos morir poco a poco. A fin de cuentas ese es el final para todos, no se salva ninguno. Quizá los ricos, porque sus padres tienen dinero para mandarlos a buenas clínicas y para darles un medio de vida. Pero de los nuestros, ninguno. Aunque saliese ahora de esto, aunque se curase, ¿en qué podría trabajar?, ¿quién le daría trabajo a un hombre de treinta años que ha estado en la cárcel y que se sabe que ha sido drogadicto? Así que todos vuelven. Se arrastran en ese infierno unos años y después se mueren. Tiene razón Alberto: es mejor cortarles las manos. Pero quién es capaz de hacerlo...

Lo que yo me pregunto es cómo de los mismos padres y de una misma casa pueden salir hijos tan distintos. Y también me pregunto por qué el mundo está tan mal repartido, qué he hecho yo para que me tocasen todas las malas habas, tantos trabajos, tantas calamidades y tan pocas alegrías.

7

Con Lola tuvimos problemas, pero de otra clase. Conoció a un chico y se cegó. No es que él fuese una mala persona, pero era un niño, igual que ella, diecisiete años, que en un hombre son aún menos que en una mujer. Lola acababa de salir del colegio. Había estado cuatro años a media pensión. Comía allí y volvía a casa al caer la tarde. Merendaba, jugaba un poco y se iba enseguida a la cama porque al día siguiente tenía que levantarse muy temprano. No sabía nada de la vida, ni había visto nada. Conoció a Gabriel y pensó que el mundo se acababa en él. A nosotros nos dijo que estaba embarazada para que la dejásemos casarse, pero no era cierto. Su padre en eso se portó muy bien con ella. Ni la riñó ni nada. Le dijo:

—Hoy tener un hijo de soltera no es ninguna desgracia. Piénsalo bien. Eres muy joven para casarte. Si quieres tener al niño, nosotros cuidaremos de él y de ti. Solo por el hijo no te cases.

Pero justamente lo que ella quería era casarse. El día en que trajo a Gabriel a casa para presentarlo, yo lo vi llegar desde la ventana y le dije a mi marido: «Este no es un hombre para Lola».

Era muy poca cosa. Después resultó ser un mal bicho, que dijo pestes de todos nosotros para conseguir la anulación, pero al comienzo parecía incapaz de matar una mosca. Estas aguas mansas son las peores. Dijo que lo habíamos obligado a casarse, que Lola era epiléptica y que no tenía capacidad para cuidar de su hija. Todo mentira, porque nosotros no queríamos que se casase tan joven y la enfermedad es muy poca cosa, de niña tuvo algún desmayo, pero con unas pastillas que toma ya no ha vuelto a tenerlos. Y es una mujer de una pieza: trabajadora, dispuesta, que sabe hacer de todo, aunque en mi casa no hacía falta, porque me tenía a mí. Tiene un carácter fuerte y un genio vivo, pero es cariñosa y alegre. Lo que pasa es que él no era hombre para ella; yo ya lo había dicho.

Gabriel era muy tacaño y muy beato. La sacaba muy poco a divertirse y ni siquiera le daba el dinero del mes para que ella se organizase. Le daba cada día para el mercado y ella le tenía que dar cuenta hasta del último céntimo. La tenía aburrida. Y además le cogió asco y ya no quería ni verlo. A mí entonces él me daba pena, porque estaba enamorado y ella lo rechazaba de mala manera. Un día, estando los dos en mi casa, Lola le echó en cara que no le comprase un vestido que a ella le gustaba, y él le dijo:

—Cuando te portes como corresponde a una mujer, te compraré de todo.

Y Lola le contestó delante de mí:

—De ti no quiero nada. Me das asco. No soporto que te me acerques.

Él casi lloraba, ¡pobre chico! Sentí pena y vergüenza por él. Cogí aparte a Lola y le dije que esas cosas no se le pueden decir a un hombre, y menos delante de otra persona. Pero lo hacía precisamente para que él no se le acercase, porque le había cogido verdadero asco. No lo podía soportar. Así que no hubo nada que hacer y se divorciaron.

Como Lola no tenía trabajo y mi marido ya había muerto, Gabriel se quedó con la niña con la condición de que si ella trabajaba le tenía que pasar quince mil pesetas. Lola aceptó, porque pensó que así la niña podría ir a mejores colegios y tener mejores cosas. Pero si llega a sospechar que no iba a poder verla, no se la deja. Y si hubiéramos pasado hambre, ya nos habríamos apañado.

A los pocos meses de separarse fuimos a Alicante a casa de mi cuñada y allí conoció a Manolo. Lo conoció una tarde. Y al día siguiente, cuando teníamos que volver a Madrid, me dijo:

—Yo no vuelvo. Me quedo aquí con la tía, ayudándola en la tienda. Ya he hablado con ella y le ha parecido bien.

Lola tiene mucho carácter y cuando se le mete una cosa en el moño no hay nada que hacer. Se quedó allí, ayudando a su tía y saliendo con Manolo, porque de eso se trataba.

Muy pronto empezaron a vivir juntos. Al comienzo en un bajo que él tenía, heredado de su padre. Su madre, que es viuda como yo y vive enfrente, la veía desde la ventana de su casa y le dijo a Manolo:

—Si es una chica seria tráela para aquí, que no esté allí sola.

Y como Lola es trabajadora y limpia y de buen carácter cuando la tratan bien, pues se entendió bien con la suegra. Llevan ya cuatro años juntos y dos casados. Tienen un niño muy rico. Ahora trabajan los dos y les va muy bien. Manolo es una buena persona y con mi Luis se ha portado mejor que si fuese un hermano. La última vez que intentó dejar ese rollo, se fue para allá y estuvo con ellos una buena temporada. Manolo le dijo:

—Si quieres trabajar, aquí tienes una casa, pero no quiero que vengas con tus líos.

Mientras estuvo allí no se drogó, fue cuando pasó más tiempo sin tomar nada. Pero una cuñada de Manolo, casada con su hermano, parece que se enamoró o empezó a tontear con Luis. No sé bien cómo fue la cosa, pero el caso fue que Luis se volvió para Madrid y a los dos días estaba ya otra vez metido hasta el cuello en la droga. De eso Manolo no tiene la culpa, nadie la tiene. Solo el diablo, que enreda las cosas.

La que me da más pena ahora es la niña de Lola, Carolina. Lo pasa muy mal porque no le dejan ver a su madre. Eso Gabriel no debería hacerlo. Una cosa es lo que haya pasado entre ellos y otra es separar a una hija de su madre. A la niña la tienen atemorizada. Delante del padre o de la abuela no se atreve a decir nada, pero a mí me tiene dicho muchas veces que ella quiere vivir en Alicante con su madre y con su hermano pequeño. Aquí está viviendo con la abuela, porque su padre se casó otra vez, por la iglesia, que para eso quería la anulación y dijo todas aquellas mentiras. Aprovechó lo de Luis y lo de Pablo para ponernos como hoja de perejil, pero él sabe que todo eso no es cierto. Si ya ha conseguido lo que quería, ¿por qué tiene que impedirle a Lola ver a su hija? A quien más daño le hace es a la niña, aunque él crea que no. La niña estaría mejor viviendo con su madre que con una madrastra o con la abuela, como está ahora. Los niños no deben vivir con los viejos, necesitan juventud y alegría y en aquella casa no la hay. Se está volviendo una niña triste, una niña vieja, mayor antes de tiempo. No hace cosas de niña. ¿Cómo va a hacerlas viviendo con aquel muermo de abuela que tiene?

Cuando tenía cinco o seis años siempre lloraba al despedirse de mí o de su madre las pocas veces que estaba con ella: un mes en el verano y algún fin de semana que Lola podía venir. A mí sí que me dejaban verla y a veces la iba a buscar a la salida del colegio. Cuando me iba, se me agarraba a las piernas llorando y me pedía que no me fuese, ¡pobrecita!, partía el alma verla llorar. Y entonces la otra abuela, que es más retorcida que un sacacorchos, decía:

—¿Ve cómo no conviene que venga a verla? Siempre le dan un disgusto. Lo digo por su bien.

Lo que más rabia me da es que sea la abuela la que hable así, porque en Gabriel se comprende. Lola le hizo sufrir y él quiere vengarse. Pero la abuela tendría que entenderlo, como lo entiendo yo: los hijos con quien mejor están es con la madre. Lo que pasa es que ellos nos miran con desprecio por eso de mis dos hijos y también porque yo estoy sirviendo. ¡Cualquiera diría que ella es marquesa! No es más que una portera, pero como tiene ahorrados dos duros le parece que nos puede mirar por encima del hombro. Si yo fuese tan tacaña como ella y su hijo, también tendría cuartos. Pero yo pienso que los cuartos son para gastarlos, no para tenerlos metidos en un calcetín. Si no hubiera sido tan tacaño, quizá Lola no le habría cogido tanto asco. En fin, lo peor es la niña, Carolina, porque ellos, tanto Lola como Gabriel, cada uno se ha arreglado a su manera, y la que está pagando el pato es la hija.

Ahora ya no llora cuando tiene que volver a casa de la abuela después del mes que pasa con la madre. Ni llora ni comenta nada de lo que pasa en la otra casa. Dentro de poco podrá escoger con quién se queda. A los doce años puede decidir si se va a vivir con su madre o se queda donde está. Se ha vuelto muy reservada. Y no sé, no sé por qué me da el corazón que cuando llegue el momento de escoger se va a quedar con la abuela.

8

De Luis ya no espero nada. No tengo esperanza. A decir verdad, lo único que espero es que se muera pronto y deje de sufrir y de hacerme sufrir a mí. Se murió mi marido y me consolé; se murió Pablo y lo mismo; pues también me consolaré cuando él se muera. No se puede vivir así, un día y otro, sabiendo que no tiene remedio.

Lo que pasa es que, cuando lo veo tan mal, no lo puedo dejar solo. Yo soy ahora la única que se ocupa de él. Alberto ya no duerme en casa ni viene por allí, y Maribel tampoco. Me dicen que si quiero ir a dormir a la suya que vaya, pero que en la mía no se quedan por la noche. Yo a veces voy porque ya me da miedo quedarme sola con Luis. No tengo qué darle, ni él qué vender y me da miedo que me haga algo malo. Está cada vez peor. Se atiborra de pastillas y se vuelve loco para conseguirlas. Las pastillas se las dan los médicos del Seguro, tengo que ir yo con él y así se las dan. Pero no las toma según le mandan; las toma a puñados, cuatro o cinco de una vez. Y también entre ellos compran y venden, igual que con la droga. Toma Acción y Tranxilium y después se sienta en la butaca o se echa en la cama y se queda como muerto, que no oye cuando se le llama, ni nada de nada. El otro día se quemó un pie en la estufa y no se enteró. Cualquier día arde vivo, porque siempre está muerto de frío y se pega a la estufa, y tal como se quemó un pie pues pudo quemarse todo. Yo solo estoy tranquila cuando lo tengo en el hospital, y ni aun así porque siempre estoy temiendo que se escape. Ahora lo tengo ingresado, ya veremos lo que aguanta.

Nos conocen en todos los hospitales de Madrid, en todos está fichado porque de todos se ha escapado. Anteayer llamaron por teléfono a mi señora a las cinco de la mañana y era el médico del Ramón y Cajal, que empezó a quejársele: que si estaba ocupando el sitio de otro que quería curarse, que si era un peligro para los médicos y las enfermeras hacerle análisis... ¿Y yo qué voy a hacer? ¿Dejarlo morir en la calle como a un perro?

Ya no sé por dónde tirar. Cuando lo veo tan mal me planto en urgencias y allí nos estamos hasta que lo cogen. Toda la noche estuve anteayer, desde las siete de la tarde hasta las diez de la mañana del día siguiente, ¿y para qué? Esa misma noche se escapó, por eso el médico de guardia llamó a mi señora. Por la fuerza no quieren retenerlos y a él lo cogieron en la puerta cuando se escapaba, sin vestir ni nada, en pijama y chanclas. Llamaron para decir que se marchaba por su voluntad y también le dijeron que aquello era una irresponsabilidad porque a la mañana siguiente iría a otro hospital a repetir la historia. Y así es, pero yo, ¿qué puedo hacer? Ellos deberían darle algo para tranquilizarlo o aguantarlo allí por la fuerza, como hacen con los locos. ¿A usted le parece que está en sus cabales una persona que se va de noche sin ropa? Coge un taxi y si no me encuentra en casa le pide el dinero a una vecina. Todo el mundo al verlo así, medio desnudo, se lo da, pero él no le paga al taxista. Con esos cuartos se va enseguida a comprar droga. Y después la vecina me lo cuenta a mí y yo tengo que pagarle porque comprendo que le dé miedo negarle los cuartos, y tampoco tiene por qué perderlos. Le digo que no sé por dónde tirar.

Me doy cuenta de que el médico en cierto modo tiene razón, y de que mi señora no tiene por qué aguantar que la llamen a las cinco de la mañana, y de que falto mucho al trabajo, pero es que mi hijo solo me tiene a mí. Todos se hartan de él. Alberto no quiere ni verlo. Lola ya lo tuvo allá tres meses y no sirvió de nada. Comprendo que estén hartos, pero yo soy su madre y no puedo dejarlo como a un perro.

Con Pablo no sufrí tanto. Pablo se las arreglaba solo y desde que se puso malo hasta que murió fue cuestión de meses. Pero con Luis no tengo un minuto de tranquilidad, cuando no es una cosa es otra. Pablo también debía de robar, pero a él no lo cogieron nunca, y Luis está en la comisaría cada dos por tres y ya ha estado un año en la cárcel. A veces pienso que sería mejor que lo volvieran a meter allí.

A Luis lo detienen por cualquier cosa. Un día estaba en casa y bajó a comprar unas cervezas. Los guardias le pidieron el carné y, como lo tiene caducado y no lo reconocieron en la foto, lo llevaron a la comisaría. Otro día, porque lo encontraron con una bolsa de herramientas de un amigo, que la llevaba a vender; otro, porque llevaba dos papelinas y los guardias le dijeron: «¿Qué prefieres: tirarlas a la basura o dárnoslas?». Y él les dijo: «Prefiero tirarlas». Y los guardias: «Pues ahí tienes el cubo, a ver cómo las tiras». Y mi hijo, que es muy chulo, se fue para el cubo y entonces los guardias le atajaron y no le dejaron tirarlas, porque ellos también andan metidos en eso y muchos están tan enganchados como los que detienen. Y para vengarse por no querer darles las papelinas se las quitaron y encima le pusieron las esposas y lo llevaron a la comisaría.

No todos los guardias son así. Ese mismo día encontró a un antiguo compañero de colegio. Es un chico del barrio que trabaja en aquella comisaría y que al leer los papeles de los detenidos reconoció a Luis. Se fue a verlo al calabozo y se quedó muy impresionado de encontrarlo así. Le dio pena, porque de niños jugaban juntos, y le dijo: «Hombre, Luis, a ver si sales de esto». Le llevó un bocadillo para que cenase y por la mañana, cuando lo soltaron, le dio un abrazo y quinientas pesetas.

Yo a veces pienso que sería mejor que lo metiesen en la cárcel, pero cuando estoy allí, aguardando a lo que diga el juez, siempre me alegro de que lo suelte. Ya no sé qué es peor. En la cárcel él estaba mejor que ahora, más gordo y con mejor aspecto. Yo lo pasaba muy mal el día que iba a verlo, me descomponía siempre, se me soltaba la tripa, pero después el resto de la semana estaba tranquila y vivía mejor que ahora. Tenía dinero para llevarle buenos paquetes de comida y podía salir con Ramón. Me acuerdo de que la primera vez que hablé con usted me acababa de comprar un abrigo, y ahora no tengo ni para cerillas. En lo que va de mes, solo en taxis para llevarlo al hospital o recogerlo de las comisarías llevo gastadas más de quince mil pesetas. Estoy entrampada hasta las orejas, les debo dinero a las vecinas, a mi señora, a todo el mundo.

Hasta hace poco aún tenía esperanzas de que Luis cambiase. En Alicante, en casa de su hermana, estuvo tres meses sin tomar nada. Fue una lástima que volviese a Madrid. Claro que allí no podía seguir siempre, para ellos era una carga, aunque mi yerno nunca protestó de que estuviese con su hermana. Ellos lo mantenían, yo le mandaba también algo y Luis hacía de vez en cuando una maquinita para ayudar a los gastos y para tener algún dinero para él. Yo entonces pensé que iba a enderezarse. Y también lo pensé después de morir su hermano, cuando hizo el último tratamiento de desintoxicación. Ya había hecho otros. Unos fueron gratuitos, del Ayuntamiento o de la Comunidad, y otros los pagué yo. Hay médicos que se dedican a eso, están autorizados, es legal. Cobran las visitas o el tratamiento, viene a salir por unas treinta mil pesetas. Por dos veces pedí un crédito al banco y me lo dieron, porque me lo descuentan de la pensión de mi marido. La pensión es de veintidós mil pesetas y ahora cobro solo once mil; el resto se lo queda el banco. Mi señora me ha echado las cuentas y dice que le devuelvo al banco más del doble de lo que me prestan, pero yo no tenía otra manera de conseguir los cuartos. Y ahora ya ni eso.

Aún hace poco tiempo que Luis salió con que si tuviese una moto trabajaría de mensajero. Buscamos una de segunda mano y costaba setenta mil pesetas. Yo pensé que teniendo un trabajo saldría de ese infierno, así que fui al banco a pedir otro préstamo. No me importaba que se quedasen con toda la pensión con tal de que me adelantasen los cuartos, pero no me los dieron, ni cincuenta, ni nada. Salí llorando de allí. Al final me los adelantó mi señora.

¡Yo estaba tan contenta de que tuviese un trabajo! Le daban ciento cincuenta pesetas por cada paquete o carta que entregaba. No era mucho, porque él tenía que poner la moto y la gasolina, pero al menos estaba ocupado. ¡Y fíjese qué mala suerte que a la semana justa de comprar la moto se la roban! La dejó aparcada a la puerta de la casa de una amiga y cuando la fue a buscar había volado. Hice la denuncia y a los ocho días me llamó la policía: la habían encontrado, se la había robado, sin saber que era suya, un tipo que él conocía. ¡Como en ese mundo todos se conocen!

Volvió a coger la moto, pero en vez de trabajar de mensajero se dedicó a salir con ella para ir a las máquinas. Hay tantos dedicados a lo mismo que cada vez tiene que ir más lejos para encontrar alguna con premio. Y un día, yendo por la carretera camino de Aranjuez, lo atropelló un coche. No sabe ni cómo fue. A mí me avisó la policía de que estaba en el hospital y cuando llegué estaba ya en el quirófano. Lo operaron a vida o muerte de un golpe en la cabeza. Y a partir de ahí fue de mal en peor.

Lo de las máquinas fue una lástima que se le acabase, porque mientras estuvo en eso aún se fue valiendo un poco por sí mismo. Tenía una moneda con un agujero atada con un hilo y la metía y la sacaba de la máquina hasta que salía el premio. Lo hacen siempre entre dos. Uno se pone de lado para que no se vea lo que hacen, y el otro manipula la máquina hasta que suelta los cuartos. Pero, como hay tantos dándole a lo mismo, también eso se acabó. Ahora roba radios de coches o herramientas. Ya sé que está mal, ¡pero mientras no se meta con la gente! Yo no puedo darle más ni sé qué hacer.

Mi última esperanza es que le dejen estar en el hospital, que le den pastillas y tranquilizantes para que no se escape y que lo dejen allí hasta que se muera. Está muy mal y no durará mucho. No sé si fue el accidente de moto o las pastillas, pero a veces parece que la cabeza no le rige. Por eso me da miedo quedarme sola en casa con él, pero tampoco puedo marcharme con Alberto y dejarlo solo. Tiene lo del corazón, la miocarditis, y tiene neumonía y no come nada, pero los médicos enseguida dicen que está bien y se lo sacan de encima. Yo ya no sé a quién recurrir ni por dónde tirar. A veces, se lo digo de verdad, hasta le deseo la muerte, porque ya sé que no tiene remedio, que va de mal en peor y que de todas maneras se va a morir. Pero, mientras siga vivo, yo no lo puedo dejar solo. Ya hablé con mi señora y se lo dije: «Si tengo que dejar el trabajo, lo dejo. Buscaré algo por horas, y si no, viviré de lo que me queda de la pensión. Pero, mientras me viva este hijo, yo no lo dejo solo».

ALBERTO, EL HERMANO

Treinta y un años. Vive con Maribel, de quien tiene un hijo de seis años. Ha desempeñado diversos oficios y actualmente trabaja como representante de una empresa de materiales de construcción.

Antes que nada, ¿qué voy a sacar yo en limpio de esto? Porque yo no doy algo a cambio de nada. Yo le puedo contar cosas terribles. Con lo que yo sé se puede escribir un libro aún mejor que *Cristina F.* Ese libro se vendió por millones y se hizo una película con él, y todo eso son cuartos...

A ver si lo he entendido bien: ¿Usted trabaja meses y meses en un libro y le pagan esa miseria? Oiga, ¿y a ese que sale en la tele anunciando una guía, también le pagan así?... ¡Ah! O sea, que millones solo se los pagan a cuatro o cinco. Y usted es digamos que del montón. Pues, la verdad, no sé para qué se toma tanto trabajo. Pero, en fin, si le gusta... En ese caso, a mí no me dé nada. Yo ahora vivo bien, tengo lo que necesito y más. Este año me gasté cincuenta mil pesetas en los Reyes del niño y acabo de comprarme un coche grande nuevo. Para mí, hablar de dinero es hablar de millones, lo demás es miseria. Tenga un detalle con mi madre y ya está. Yo no quiero nada. Si se lo he dicho es porque a mí me gusta dejar las cosas claras, que a cada uno le den lo suyo y no ir de tonto por la vida. Pero si lo que quiere es que yo le diga lo que pienso de este asunto de mis hermanos, en eso no tengo inconveniente.

Mis hermanos se metieron en la droga porque era una manera muy cómoda de hacer dinero. Conoces a uno que vende, ves que vive bien sin esfuerzo ninguno mientras tú te deslomas planchando o amasando pan, y te metes a probar.

Pablo era planchador en un taller de sastre. Los dos aprendimos el oficio al mismo tiempo. Yo cortaba y él planchaba. Luis trabajaba en una pastelería en el barrio. Estuvo allí varios años, pero es más cómodo comprar unas papelinas y revenderlas que sudar la gota gorda en un taller. Así empezaron los dos. Conocieron a unos tipos extranjeros, iranís o moros, que eran camellos. Al comienzo les daban para vender y todo iba bien, incluso ganaron dinero, pero enseguida empezaron a picarse y ahí se les fastidió el chollo. Hace falta ser estúpido para meterse en eso sabiendo por otros cómo se acaba. Pero todos hacen lo mismo, dicen que a ellos no les va a pasar, que tienen controlado el asunto. Y no es cierto. Empiezan a picarse y ya todo lo que hacen es para pagar lo que necesitan para chutarse.

Los dos andaban enganchados cuando conocieron a sus mujeres. Mi madre en eso está en la higuera, no se entera o no quiere enterarse. Siempre se ha llevado mal con las nueras y les echa la culpa de todo. Y no es cierto. Cristina ayudó mucho a Pablo, los dos andaban en lo mismo y se entendían bien. Y Cati y Luis se llevaban mal porque mi hermano estaba ya colgado y no se ocupaba de otra cosa más que de conseguir caballo.

Yo he fumado algún canuto, pero de picarme, nada. Conozco ese ambiente a la fuerza, pero nunca me he mezclado con ellos. Ya le habrán dicho que yo soy el raro de la familia. Siempre dicen que soy un egoísta. Me da lo mismo. Con tal de que me dejen tranquilo, pueden decir lo que quieran. Ya desde pequeño andaban con esas. «Tú no das ni los buenos días», me decían. Yo era el único que no tenía ningún privilegio. Pablo era el mayor; Luis, el pequeño; Lola, la niña. Así que a todos les tocaba alguna vez algún regalo de más, o más caramelos, o más de lo que fuese. Y a mí, no. Y, encima, cuando me guardaba lo mío me llamaban egoísta. Yo solo tengo un hijo, pero si llego a tener más no voy a hacer diferencias, sean niños o niñas, mayores o pequeños. Lo único que cuenta es si hacen lo que deben o no.

Con Pablo siempre me llevé bien. Tenía carácter, como mi padre: era un hombre. Él siempre encontraba la manera de hacer una peseta y si pedía prestado lo devolvía siempre. Y cuando tenía dinero sabía corresponder. Luis, no. Luis es un drogadicto típico, una piltrafa; no es nada. Todos son igual. Yo reconozco a los drogadictos como si lo llevasen escrito en la frente. Están vacíos, son como una máquina que solo funciona con pilas y si no tiene pilas no vale para nada. Y eso se les nota en la cara aunque no estén con el mono: en la manera de mirar, en la expresión... A Pablo también se le notaba, pero él era aún una persona, lo fue hasta el final. Se podía hablar con él, contarle un problema o algo del trabajo. Con Luis no se puede hablar ni se puede estar. No quiero que me vean con él, ni en el barrio, ni en el hospital, ni en ninguna parte. No tiene interés por nada, no se viste, no se lava, no come si mi madre no le prepara la comida. Dice que se quiere morir, pero no tiene ánimos ni para matarse. Con lo fácil que es meterse una sobredosis y acabar de una vez.

A mí Luis se me ha comido muchos cuartos. Viviendo en casa con él es inevitable. Los drogadictos son como las lapas: les das hoy para que te dejen tranquilo y mañana los tienes otra vez encima. Y aunque pienses: «No le voy a dar porque es como darle un veneno para que se mate», pues aun así acabas dándole para que te deje en paz. Por ejemplo, en Navidad yo compraba siempre un cordero para comer en casa, porque mi madre es muy buena cocinera y el asado que ella hace es mucho mejor que el de cualquier restaurante. Nos juntábamos todos los hermanos y los cuñados. Yo ponía el cordero y los otros el vino, los postres, el resto. Pues Luis no ponía nada y encima había que darle para que comprase las papelinas y nos dejase disfrutar de la fiesta. Y para colmo, siempre con cara de que le deben y no le pagan, como si nos hiciese un favor por estar en la comida. Mi madre aún lo defiende. Me dice: «Es que echa de menos a Cati y, además, se da cuenta de que lo desprecias». ¡Pamplinas! Lo único que echa de menos es el caballo, y si se portase como un hombre ya vería cómo nadie lo despreciaría.

Yo ahora no le doy ni un duro y ya le advertí a Maribel que tampoco le diese ella. Es la única manera de evitar que aparezca por el trabajo o por nuestra casa. Y no lo hago solo por mí, lo hago sobre todo por mi hijo. Para mí, mi hijo es lo más importante del mundo. A Maribel se lo he dicho bien claro: «Si alguna vez te vas, el niño se queda conmigo». Él es la persona que más quiero en el mundo. A Maribel también la quiero mucho, pero entre un hombre y una mujer las cosas son diferentes: ella tuvo antes otro hombre y puede tener otro después de mí. Pero mi hijo no puede tener otro padre; es mío, solo mío. Y él es también la persona que más me quiere, que más se alegra de verme y de estar conmigo. Por eso no quiero que vea a mi hermano. Una cosa es que conozca el problema de la droga y otra tenerlo encima de uno, padecerlo. Yo quiero que viva sano y contento, así que a mi hermano ni verlo. ¡Ojalá pudiese yo olvidar que existe!

Mi madre me echa en cara que no ayudo a mi hermano y que no lo voy a ver al hospital. Ayer la llevé hasta la puerta y desde allí me di la vuelta porque tenía otras cosas que hacer. Pues en vez de agradecerme que la llevase y no tener que coger el metro, se puso a decirme que parecía mentira que hiciese una cosa así, con lo que ella había hecho por todos nosotros. Las familias hacen siempre lo mismo. Siempre dicen: «Si tú lo necesitases haría lo mismo por ti». Supongo que debe de ser cierto. Si yo estuviese en la situación de mi hermano, ella haría por mí lo que está haciendo por él. Pero, de hecho, yo no estoy así ni lo estaré, porque antes me mato. Y si mi hijo se mete en la droga prefiero verlo muerto, le parto la cabeza. Así que al final a mí nadie me da nada. Lo que yo necesito no lo tienen. Si yo tuviese ahora cinco millones me pondría a trabajar por mi cuenta en este negocio en el que estoy, pero como nadie me los da ni me los presta, tengo que seguir currando para otros y viendo cómo los cuartos se los llevan ellos y no yo.

Si mi hermano guardase aunque solo fuese la mitad de lo que lleva gastado en droga, a estas horas sería millonario. Y Pablo y Cristina lo mismo. Gastaban entre sesenta y ochenta mil pesetas diarias entre los dos. Luis menos, porque ahora lo que se mete en el cuerpo ya no es droga ni nada. Pero a rachas, cuando le iba bien lo de las máquinas, o cuando andaba con la pandilla con la que robó en el banco, gastaba unas treinta mil al día. Yo no me meto en eso porque sé que el que se mete acaba enganchado y, además, porque es un asunto de mucho riesgo y a mí nunca me gustó meterme en peleas y líos; para eso soy cobarde. No es una cuestión de moralidad. Pienso que si uno no lo hace lo hará otro, o sea, que es igual. Droga habrá siempre mientras no la legalicen. Si se pudiese comprar en la farmacia se acabaría con todo esto. Pagarían por ella lo que vale y ya está. Pero eso no lo quieren hacer porque los primeros que están metidos en el negocio son los políticos. Todo el mundo está pringado, desde el policía que va a detener a los que roban radios de coches, hasta los de más arriba. Si quisieran acabar de verdad con la droga, ¡vaya si acabarían! Pero no les interesa. Hay mucho dinero por medio y mucha gente que se hace de oro sin trabajo ninguno. A esos no los cogen nunca. Solo cogen a los desgraciados como mi hermano, que son los que pagan por todos. En esto es como en todo. Si los negocios te van bien, nadie te pregunta cómo has conseguido los cuartos. Los tienes y eres un señor, y si no los tienes te jodes y eres un desgraciado.

Mi hermano Luis es un desgraciado y ya no tiene solución. Lo mejor que puede pasarle es que se muera pronto sin dar más tumbos. No piense, por esto que le digo, que no lo quiero. Sé que cuando muera volveré a pensar en él como en un hermano, me acordaré de cuando jugábamos juntos y de cuando íbamos al colegio, o cuando estaba aprendiendo el oficio de pastelero y hacía dulces en casa. Pero ahora me pasa con él como me pasaba con una perra que teníamos. La tuvimos muchos años, siempre me acuerdo de verla allí, y se fue haciendo vieja, se quedó medio paralítica y se llenó de llagas. Yo dije que había que matarla, pero mi madre y Luis no quisieron y la perra estaba cada vez peor: no comía ni se podía mover, se le cayó el pelo y olía que apestaba. Yo le cogí tanto asco que no me podía acercar a ella. Cuando por fin llamaron al veterinario y la mató, me alegré de no tenerla delante. Pero después me dio pena. Aun hoy, que hace ya mucho que murió, me acuerdo de la perra y la echo de menos. Creo que con mi hermano me pasará lo mismo.

MARIBEL, LA CUÑADA

Veintiocho años, separada. Vive con Alberto, de quien tiene un hijo de seis años. Su oficio es el de peluquera, pero en la actualidad no trabaja.

Es triste ver a Luis así, y yo le tengo cariño, pero ya estoy acostumbrada a estas cosas. Mi madre era alcohólica, así que no me pilla de sorpresa.

Voy muchas veces con él al hospital y me toca aguantar las quejas y las malas caras de médicos y enfermeras. Con los drogadictos no tienen muchas consideraciones y con la familia creo que aún menos, pero eso ahora a mí ya me resbala. No es que no me importe, a nadie le gusta que lo miren con desprecio o con lástima, pero ahora ya soy una persona adulta, sé lo que tengo que hacer y, si se me hinchan las narices, les replico. Pero cuando era pequeña, cuando vivía con mi madre y ella se ponía de aquella manera, yo no sabía qué hacer ni qué decir.

Viví con mi madre hasta los quince años. Me daba unas palizas de muerte por cualquier cosa, ya no me acuerdo por qué, solo de que me pegaba como una loca. Estaba separada de mi padre desde muchos años atrás. Yo no conocí a mi padre hasta los quince años. Mi madre trabajaba para mantenerme y mandarme al colegio, porque él nunca le dio dinero ni se ocupó para nada de mí. Yo era mala estudiante, no iba a las clases y me quedaba jugando en la calle. En el colegio decía que se había muerto mi abuela o cualquier otro pariente; los maté a todos cientos de veces. Entonces no era como ahora, que, si un niño falta, enseguida llaman a los padres. Y tampoco había psicólogos para preguntarles a los niños por qué no iban a clase. Yo no tenía con quién hablar, a quién contarle lo que pasaba en mi casa. Mi madre bebía todo lo que encontraba. Vino o coñac, según anduviese de cuartos. Y en el trabajo, en la fábrica, Agua del Carmen si no encontraba nada mejor. A mí me daba mucha vergüenza cuando empezaba a gritar y a alborotar. De eso aún me acuerdo, más que de las palizas, de aquella vergüenza de verla borracha y todos los vecinos oyéndonos o mirándonos, porque a veces también se ponía a gritar en la calle.

Cuando yo tenía quince años me dio una tunda tan espantosa que me rompió tres costillas. Yo trabajaba en una peluquería y llegué allí tan encogida y con la cara tan llena de cardenales que la jefa avisó a la familia de mi padre y él vino a buscarme y me llevó con él.

Vivía con otra mujer desde hacía doce o trece años y tenía un hijo de siete años con ella. Al comienzo todo fue bien. Ella era una buena mujer, que me trató siempre como a una amiga, y él me hacía regalos y era muy cariñoso conmigo. Pero enseguida me di cuenta de que no me trataba como un padre, sino como un hombre.

Yo tenía novio, un chico de quince años como yo, y al principio, cuando se lo conté a mi padre, le pareció bien, pero después me fue poniendo cada vez más inconvenientes para dejarme salir y al fin le dijo que no me viniese a buscar, que no quería que saliésemos juntos. Todo el día estaba diciéndome que no correspondía a su cariño y me pedía caricias y besos. Me preguntaba si lo encontraba muy viejo y si me daba asco de él porque no era tan joven como mi novio. Siempre encontraba la manera de venir a casa cuando estaba yo sola y se quejaba de que yo no lo quería. Yo le decía que él era mi padre y que lo quería como se quiere a un padre, pero él volvía a la carga:

—A tu madre, que te mataba a palos, seguro que la abrazabas y le hacías caricias, y a mí ya se ve cómo me tratas.

Andaba siempre sobándome y yo no me atrevía a contarle a nadie lo que pasaba en casa porque tenía miedo de que pensasen que era por mi culpa. Así que me callaba y procuraba no quedarme sola en casa con él. Por suerte, aquel verano tuvo un accidente con el coche y de resultas del golpe se murió dos meses más tarde. Si no, no sé qué habría pasado.

Yo seguí viviendo en su casa porque me entendía bien con la viuda. Me daba libertad y no se metía en mi vida. Lo único que me pedía era que le dijese si no iba a cenar o si pensaba llegar tarde, para no estar esperándome. Pero no tenía que pedirle permiso para salir, ni me ponía hora de llegar a casa. Con mi hermano también me entendía bien. Era pequeño y no me daba problemas. A veces lo llevaba al cine o jugaba con él. Del trabajo de la casa se ocupaba la madre, porque yo trabajaba en la peluquería. Estaba contenta. Viví allí dos años, hasta los diecisiete, en que conocí a mi marido. Él me llevaba trece años, tenía treinta y uno, y nos casamos enseguida porque tenía un trabajo fijo y un piso. Estuvimos casados dos años.

La gente, cuando se enteró de que me casaba, me preguntaba: «¿Estás embarazada?». Pero yo no iba preñada. Me casé con él porque me mimaba y me cuidaba como nadie lo había hecho antes. Ahora me doy cuenta de que no estaba enamorada, pero me casé contenta y no tengo mal recuerdo del tiempo que estuvimos juntos. Nos separamos porque él tenía que estar mucho tiempo fuera de casa por su trabajo, a veces faltaba un mes entero. Yo me acostumbré a salir con amigas y con amigos, a volver a casa a las tres o las cuatro de la madrugada sin que nadie me pidiese cuentas. No lo dejé porque hubiese otro hombre en concreto, pero tampoco me apetecía estar con él. Lo que quería era disfrutar de mi libertad. Tenía diecinueve años, un trabajo y muchos amigos, no quería estar en casa esperándolo. Nos separamos de mutuo acuerdo. Cogí un apartamento pequeño y viví contenta otros dos años.

Cuando me cansé de vivir en Barcelona, me fui para Benidorm a trabajar en un bingo. En verano era estupendo, pero en invierno era aburridísimo, así que al acabar el año decidí venir a Madrid. Pensaba que sería igual de fácil encontrar trabajo, pero no fue así. Hice de todo: vendí pisos, libros, cuidé niños, trabajé de camarera, siempre eventual, sin ninguna seguridad. Fue una época mala porque trabajaba mucho, ganaba poco y estaba más sola que la una. Lo de los pisos al comienzo parecía un chollo. Nada más empezar apareció un señor que quería tres apartamentos y yo le vendí los tres. En la oficina me felicitaron y yo, por echarme un farol, dije que aquello era normal, que yo siempre vendía mucho. Todos me miraban como a un fenómeno. Fueron los únicos pisos que vendí. Cuando se me acabaron los cuartos de la comisión tuve que buscar otro trabajo porque no ganaba ni para zapatos.

Por las noches iba a una discoteca en la que trabajaba un amigo que había conocido en Benidorm. Echaba mucho de menos a los amigos y por eso iba todas las noches a aquel sitio, a hablar y estar con él. Era un poco como mi casa, algo mío, porque conocía a aquel chico. Y estando allí, hablando con él en la puerta, porque era el que cobraba las entradas y muchas veces no tenía nada que hacer, apareció un amigo suyo y comenzó a meterse en la conversación y a darme la razón en todo lo que yo decía, y cuando mi amigo se fue a atender a unos clientes se quedó hablando conmigo. Ese era Alberto.

A mí me gustó desde el primer momento. Aquella misma noche me dijo que me invitaba a cenar, que tenía un apartamento y que fuésemos a cenar allí porque era muy tarde y ya no nos iban a atender en ningún sitio.

Fuimos a un piso y me dijo que había huevos y bistés en la nevera y que tendría que cocinar yo. Puse un mantel y preparé la cena. Después de cenar me dijo si podía darme un beso y a mí me gustó mucho que me pidiese permiso porque eso no es corriente. Aquella noche la pasé con él y a la mañana siguiente me dijo que me quedase y me quedé. Pasamos el día juntos. Él vendía libros igual que yo entonces, pero por no vender un día no pasaba nada, así que estuvimos juntos todo el día y la noche, y otro día más. Y a la mañana del tercer día apareció Rosa, su madre.

Alberto me dijo que su madre era la que le lavaba y le planchaba la ropa y quien arreglaba la casa. Y así fue. Rosa llegó y se puso a limpiar todo y a hacer la comida. Comimos juntos y después de comer fregó los cacharros. Cuando acabó se sentó a ver la tele. La tarde iba pasando y yo pensaba: «¿Cuándo se irá? Esta señora no parece que tenga intención de marcharse...». Y no la tenía. Al llegar la noche se tomó una taza de café con leche y se fue para la habitación de matrimonio, la única que hay, donde habíamos dormido Alberto y yo.

Porque la casa era suya y vivía allí con Alberto, y a veces estaban allí también Luis, que ya estaba casado con Cati, y Pablo, que vivía con Cristina.

Es una casa muy pequeña. Tiene solo un cuarto de estar, un dormitorio con una cama de matrimonio y otro con una cama de una plaza. Y nada más. Cuando se junta más gente hay que echar colchones por el suelo en el cuarto de estar, y por el día se amontonan a un lado para poder ver la tele o sentarse en la butaca a tomar un café.

Alberto le dijo a su madre que yo era una amiga que estaba buscando piso y que me iba a quedar allí hasta que lo encontrase, y que, mientras, dormiría en el cuarto de estar. Así que para estar juntos teníamos que esperar a que ella se fuese a trabajar o a que se durmiese por la noche para reunirnos en el cuarto de Alberto o en el cuarto de baño, para que no nos oyese.

Así estuvimos varios meses. Luis estaba ya enganchado a la droga. Y también Pablo, aunque yo de lo de Pablo no me di cuenta al principio. Se encerraba en el cuarto de baño para picarse y llamaba a Cristina. Le decía: «Nena, ven a hacerme la cura». Yo creía que tenía almorranas, porque un día pregunté qué le pasaba y él me dijo eso, que tenía almorranas. Me quedé tan convencida que le compré una pomada muy buena que me recomendaron en la farmacia. Me dio las gracias y pocos días después, cuando le pregunté qué tal le había ido, me contestó:

—Me va muy bien. Estoy mucho mejor.

Pablo siempre se las arregló solo, con Cristina. Compraban y cortaban una parte para venderla. Con eso y algo que robaban, radios de coches y cosas así, iban tirando. Por lo que yo sé, siempre que pidió dinero lo devolvió y nunca dio espectáculos como Luis. Yo me entendía bien con él, era una persona con la que se podía hablar de cualquier cosa. Pero con Cristina me llevaba mal, era una mujer imposible. Hacía lo que le apetecía sin preocuparse de los demás. Solo se ocupaba de Pablo; los otros, como si no existiésemos. Podía dejar unas bragas sucias en medio del cuarto de baño y no recogerlas por más que se lo dijese, hasta que le hacían falta. No lavaba, ni fregaba, ni recogía, y Rosa pretendía que fuese yo quien lo hiciera, quien me ocupase de todo, porque ella trabajaba fuera y no iba a deslomarse en casa al volver tan cansada. Por eso discutíamos.

También discutíamos por la cama de matrimonio. Cuando ya todos supieron que yo estaba con Alberto, empezaron las peleas por la cama grande. Rosa se pasó al cuarto pequeño para que en el suyo pudiese dormir una pareja. Alberto decía que le correspondía a él porque era el que vivía en la casa, pero Pablo era el hermano mayor y Cristina quería hacerlo valer. Luis no decía nada. Él siempre venía solo. Cati aparecía pocas veces por la casa, siempre para pedir que la ayudasen a convencerlo para que dejase la droga. Sufrió mucho con él.

A todo esto me quedé embarazada. Cuando me di cuenta, se lo dije a Alberto y le pareció bien, le apetecía tener un hijo. Rosa estaba entonces en el hospital, operada de una hernia, y fuimos a decírselo. No le pareció ni bien ni mal. Dijo que lo pensásemos, que eso era cosa nuestra. Pero cuando volvió a casa empezó a hablar por detrás. Hicieron una reunión los cuatro hermanos y Rosa, y le debieron de comer el coco a Alberto, porque vino y me soltó que no quería saber nada del niño ni de mí. Y todo porque le dijeron que no sabía si el hijo era suyo o de otro. Yo llevaba más de un año en su casa y no salía con nadie más que con él, así que me pareció muy mal.

Me pareció mal en Alberto y en los hermanos, pero aún peor en Rosa, porque ella había pasado por algo parecido y se casó porque su madre fue a ver al novio y le dijo: «O te casas o te mato». Antes una madre soltera era una cosa terrible. Ahora es otra cosa. Así que salí de allí y me fui para una residencia de madres solteras. Solo pude estar tres meses y siempre engañando a las monjas, porque yo era separada, no soltera, y no podía darles los papeles que me pedían. Alberto seguía llamándome y los fines de semana me venía a buscar para llevarme a casa, pero me dejaba allí y él se marchaba.

Yo, por entonces, llamaba a mi madre por teléfono de vez en cuando para saber cómo le iba y contarle algo de mis cosas. Con los años entendía mejor lo que le pasaba y me daba pena. Un día llamé como siempre a casa de una vecina, porque ella no tenía teléfono, y me dijeron que se había muerto. Ya estaba enterrada y todo. No pudieron avisarme porque no encontraron mi dirección. Como mi madre vivía de aquella forma tan desordenada... Así que me quedé sola en el mundo, y pienso que también por eso no quería abortar.

Quería tener al niño. A veces dudaba, porque tenía miedo de que acabase siendo un desgraciado o que pasase tantas como pasé yo de niña. Pero quería tenerlo. Y también estar con Alberto. No me importaba que él no quisiese casarse, ni incluso que fuese con otras, con tal de que no me dejase a mí.

Rosa seguía rezongando, pero cada vez se ponía más de mi parte, porque yo no limpiaré mucho, pero hago más que Cristina; por lo menos la peino y le ahorro la peluquería, y resuelvo muchos asuntos. Como Luis está siempre metido en líos, hay que pasarse media vida en el juzgado y en el hospital y se necesita una persona que sepa hablar y que no tenga pinta de drogadicta. Cuando murió Cati, fui yo quien arregló todo lo de la autopsia y quien habló con la familia de ella. Y no fue fácil ni agradable.

Yo comprendo que la familia de Cati no quiera saber nada de Luis. La verdad es que le dio muy mala vida. Ella aparecía muchas veces por casa de Rosa con moraduras y marcas de golpes. Justo la noche en que murió tuvieron una agarrada tremenda. Él le dio una patada en la cara y ella iba en la caja con toda la cara hinchada y renegrida por un lado, el moflete y la barbilla. Por eso sus padres y sus hermanos le echan la culpa de la muerte a Luis. No quiero decir que muriera por la patada, pero yo también a veces he pensado que es mucha casualidad que el ataque al corazón le hubiese dado justo esa noche. También pudo ser por el disgusto, de verse allí sola con dos hijos y con la cara deshecha, y Luis metido en las faldas de su madre. Porque siempre hacía eso: se marchaba de su casa y se iba a meter en la de Rosa, que bien le podía decir ella que se fuese con su mujer, pero no lo hacía.

Quien la encontró muerta fue el niño, el hijo de Cati. La niña pequeña tenía tres años y dormía en una cuna al pie de la cama. Por la mañana empezó a llamar a la madre y despertó al niño, que tenía ocho años. Él se acercó a la cama y, al ver que no contestaba y que estaba fría, fue a llamar a una vecina. Se dio cuenta de que estaba muerta. Los niños se dan cuenta de más cosas de las que pensamos. El mío tiene seis años y el otro día me preguntó:

—Mamá, ¿el tío Pablo tomaba droga?

Yo, antes de contestarle, quise saber por qué lo preguntaba y él me dijo:

—Es que vi por la tele a unos que preparaban droga en una cuchara y hacían lo mismo que el tío Pablo.

Después me preguntó si se había muerto de eso y yo le dije que no, que se había muerto de tuberculosis, porque le digo de verdad que eso era lo que yo creía. Si usted dice que murió de sida, será cierto, pero a nosotros nos dijeron que era portador y no entendimos que eso fuese el sida.

Si Pablo tenía sida, también lo debe de tener Luis. Lo que yo sé es que tiene anticuerpos. No nos explicaron nada más. Desde lo de Pablo cada uno tiene en el cuarto de baño sus cosas separadas. Antes usábamos todos las mismas. Yo no soy nada aprensiva ni remilgosa, pero ahora tengo más cuidado por el niño. Luis es muy desconsiderado, coge lo primero que encuentra, no piensa que puede contagiar a los otros. Ni siquiera avisó de que tenía piojos y ladillas. De los piojos me di cuenta porque vi las liendres en el pelo. Como soy peluquera me di cuenta enseguida, pero las ladillas no las había visto en mi vida. Un día, haciéndole la cama, que él no la hace nunca y por no oír refunfuñar a Rosa me puse yo a hacerla, vi un pelo con un bichito raro, amarillo, que no era una liendre porque tenía patas. Lo guardé en un papel y se lo enseñé a una amiga que trabaja en el hospital. Me dijo que era un parásito, como quien dice un piojo, pero aún peor porque se agarraba a las partes, y que se llamaba ladilla. Y me dijo que comprase en la farmacia un jabón especial y un líquido para matarlas, porque si no íbamos a acabar todos infestados y el niño también.

Cuando pasa una cosa de estas me cabreo y entiendo que Alberto no quiera ni ir a verlo al hospital. Todo cuanto se hace por él es inútil: si le prestas cuartos, no los devuelve y, si le arreglas los papeles para ir al centro de desintoxicación, ya se sabe que volverá a las andadas. No sé por qué sigue vivo. No tiene ilusión por nada ni disfruta de nada.

Pablo disfrutaba de las cosas buenas: le gustaba comer bien y vestir bien, hacía proyectos, tenía ganas de vivir. Lo malo era que no podía desengancharse de la droga. Me dijo una vez que, solo de pensar en que no pudiese ponerse la dosis siguiente, ya se sentía mal, le daban sudores y náuseas. Luis, no. Luis lo dejó veinte veces, nunca he visto a nadie a quien le cueste menos dejarlo. Y si no fuese por la madre, aún se descolgaría antes. Rosa, por no verlo sufrir, le lleva papelinas cuando está enfermo en la cama y no puede salir él a buscarlas. Al hospital llega siempre bien colocado. Unas veces es Rosa quien va a buscarle las papelinas, y otras veces soy yo. ¡Qué le vamos a hacer! Cuando se queda en la cama es que ya no se tiene en pie. Está enfermo de los bronquios y del corazón, empieza a decir que se ahoga y a romper las sábanas y a revolcarse por el suelo. De esa forma no hay manera de llevarlo al hospital, así que le damos una papelina y con eso se queda tranquilo, y mientras le dura el efecto lo dejamos ingresado. Allí le dan calmantes y pastillas para dormir, aunque no siempre. Cuando no se las dan, se escapa. Y de todas maneras, en cuanto mejora un poco se escapa.

En el hospital le quitan la ropa y lo dejan en pijama y zapatillas, pero él se va igual. Aparece en casa a las cuatro o cinco de la mañana, sudando a pelo y temblando como una vara verde. Alberto, si está en casa, coge la puerta y se va, no quiere saber nada de él. Y Rosa entonces, si las tiene, le da dos o tres mil pesetas para que la deje en paz. Y si no las tiene, se las va a pedir a una vecina. A ella se las dan porque saben que las devuelve. Quizá lo mejor sería no darle nada, pero no es fácil verlo rabiar como un perro y, además, a una le da miedo que coja un cuchillo y haga un disparate contra nosotros o contra otros. La verdad es que no sabe una qué es peor.

A veces pienso: ¿Cuando muera Luis seremos por fin gente normal? Murió mi padre, murió mi madre, murió Pablo... ¿Me entiende lo que le quiero decir? No digo tener más cuartos, ni siquiera vivir más tranquilos, porque disgustos y problemas siempre los hay; eso es normal. Digo no pasar vergüenza por cosas que uno no ha hecho, no ver siempre en las caras de los otros esa mirada de compasión o de desprecio...

Le extrañará lo que le digo, pero de todas las cosas malas que recuerdo, de todo lo que me ha pasado, lo que más me ha dolido, lo que no consigo olvidar es aquella vergüenza tan grande que pasaba cuando era niña y veía a mi madre borracha. Me parece que no conseguiré olvidarlo nunca, por vieja que sea y por bien que me vaya en la vida.

LOLA, LA HERMANA

Veintisiete años. Divorciada y casada de nuevo. Del primer marido tiene una hija de nueve años, que vive con el padre. Del segundo, un niño de cuatro años. Trabajó a temporadas en el servicio doméstico. En este momento no trabaja.

De niña fui muy feliz. En casa era la más mimada de todos los hermanos. Como era la más pequeña y la única niña, siempre me hacían más regalos. Si había que repartir algo, yo llevaba la mejor parte: mis padres me daban y mis hermanos también me daban de lo suyo, menos Alberto, ese no, y encima protestaba de que los otros me dieran. Siempre ha sido muy egoísta y muy de guardarlo todo para él.

Mi padre era muy cariñoso conmigo, nunca me pegó, ni me reñía, aunque yo era mala estudiante. Y mi madre entonces estaba contenta. Eran jóvenes aún y a veces salían con amigos o venían los amigos a casa. Nunca los vi discutir ni llevarse mal, aunque ahora mi madre, desde que vuelve a salir con ese novio que tuvo de joven, dice que nunca fue feliz. Problemas siempre los hay en las parejas, pero mi padre era una buena persona y muy guapo, mucho más que este Ramón, dónde va a parar. Era muy alto y con unos ojos preciosos, verdes, grandes, con unas pestañas que hacían sombra. Como los de Alberto y Luis, pero aún más bonitos, porque Luis los tiene muy apagados, sin vida, y los de Alberto son también un poco tristes, caídos para abajo. Los de mi padre eran muy alegres, muy brillantes, y solo se le apagaron cuando se estaba muriendo. Un hombre muy guapo. Recuerdo que las amigas de mi madre siempre le gastaban bromas, se metían con él. A mí, de pequeña, me parecía que lo hacían por picarlo, pero al hacerme mayor me di cuenta de que era otra cosa: esas bromas que se gastan entre parejas jóvenes, ¿sabe?, que no pasa nada, pero que a un tío feo y sin gracia no se le dicen.

De niña, cuando no estaba en casa con mis padres, estaba en la aldea con mi abuela, en las vacaciones. Nos juntábamos hasta doce y lo pasábamos muy bien. Íbamos al río a bañarnos y jugábamos todo el día. Y el colegio también me gustaba. Iba a las salesianas y tenía muchas amigas, y los domingos hacían reuniones y había cine o fiesta. Se pasaba bien allí. Todo ese tiempo, hasta los diecisiete años en que me casé, fui feliz. Después ya fue otra cosa.

No sé cómo me pude casar con Gabriel, no me lo explico. Yo me había enamorado de un chico cuando tenía quince años, pero él no me hizo caso y por eso empecé a salir con Gabriel. Me casé con él porque creí que estaba preñada, me faltó dos meses la regla y pensé que era eso. Mi padre me dijo que si no me quería casar que no me casase, que por tener un hijo de soltera no se hundía el mundo, y también me lo dijo una monja del colegio con la que yo hablaba mucho y que era muy amiga mía: que si no estaba segura de quererlo que no me casase. Pero yo me empeñé. Me daba vergüenza andar por ahí con barriga. Y además pensaba que después de casada tendría más libertad, porque a mí no me dejaban salir de noche, a las diez ya tenía que estar en casa; ni me dejaban tampoco irme sola de vacaciones. Tenía amigas de mi edad que cogían y se marchaban por ahí en moto con su novio y salían de noche a las discotecas. Yo, ni soñarlo. Mi padre era muy cariñoso, pero me tenía muy sujeta, como si aún fuese una niña pequeña. Creo que fue eso lo que me llevó a casarme, aun más que lo del hijo. Tenía ganas de divertirme, de entrar y salir a mi antojo, de tener libertad. Por eso me casé y, la verdad, me salió el tiro por la culata, porque no puede imaginarse lo que fue mi vida de casada.

Gabriel no me dejaba moverme. Se metía en todo: cómo tenía que vestirme o peinarme, con quién hablaba, dónde gastaba cada céntimo. Tengo fotos de aquellos años en las que parezco más vieja que ahora. Me vestía como una señora mayor, nada de faldas cortas ni de cosas modernas. No me sacaba nunca de casa. En dos años que estuvimos casados solo salimos dos veces de noche. Y para colmo, tacaño como él solo, nunca vi roñoso semejante. Cuando mi madre venía a verme no podía ofrecerle una taza de café porque me lo echaba en cara. Con los cuartos era una cosa nunca vista: cada mañana me daba justo para comprar la comida del día. Si compraba cosas buenas, le parecían caras y, si las compraba baratas, decía que no sabía comprar. Cada noche, cuando iba a acostarse, contaba los cuartos y por la mañana al levantarse, antes de salir para el trabajo, los volvía a contar. Yo le preguntaba: «¿Miras si te los han comido las ratas o si han tenido crías?». Porque aquello era cosa de locos.

Enseguida empezamos a llevarnos mal, y después de nacer la niña yo le cogí tal asco que no lo podía soportar. Solo de oír su voz me ponía mala. Me pasaba el día en casa de mi madre, porque Gabriel se iba por la mañana y no volvía hasta la noche. Pero, cuando iba llegando la hora de volver a su lado, cada día me costaba más. Por la noche me metía en el cuarto de baño y me quedaba allí hasta que él se dormía. Los días de trabajo, como se levantaba temprano, se dormía pronto, pero los otros no. Un día estuve encerrada en el cuarto de baño hasta las cinco de la mañana. Otro día me dijo que o salía o echaba la puerta abajo a patadas. Ese día y alguno más me obligó a acostarme con él. No fueron muchos, porque yo me apartaba y le decía que me daba asco y entonces él me dejaba en paz. Solo alguna vez que tenía una copa de más o que estaba muy cabreado me decía:

—Si te da asco, te aguantas, y si no, haberlo pensado antes.

Lo pasé muy mal. Mi padre se había muerto poco después de casarme y yo pensaba: «Si ahora vuelvo a mi casa, ¿quién nos mantendrá a mi hija y a mí?». Con una niña de meses, ¿en qué podía yo trabajar? Aun así me fui dos veces a casa de mi madre. La primera me vino a buscar mi suegra, que es un bicho, pero como mi madre le daba la razón y las dos me decían que pensase en mi hija y que Gabriel era tan bueno y que llevándolo con mano izquierda haría lo que quisiese de él, pues volví. Lo único que me hacía volver era pensar en la niña, porque ya veía que si me iba tendría que dejarla. Yo sabía muy bien que si hacía lo que quería Gabriel, si me acomodaba a su manera de vivir y me acostaba con él cuando le apeteciese, no me faltaría nada. Pero no podía hacerlo. Llegó un día en el que pensé: «Si sigo aquí me voy a volver loca. Me marcho y, cuando la niña sea mayor, se lo explicaré y lo entenderá».

Me fui a casa de mi madre. Estaba tan contenta de perder de vista a Gabriel que incluso no echaba tanto de menos a la niña.

Aquel mismo verano fuimos a Alicante, a casa de unos parientes, y allí conocí a Manolo. Me gustó nada más verlo y eso que estaba un poco achispado. Pero pensé: «Si ahora está así, cuánto mejor estará sereno».

Le dije a mi madre que me quedaba allí unos días ayudando a los parientes en el bar y le pareció bien. Pero al cabo de una semana me llamó desde Madrid y le dije la verdad, que había conocido a Manolo y que quería quedarme. Entonces mi madre lo tomó por la tremenda y me dijo:

—Pues si te quedas, olvídate de que tienes madre.

Yo no sabía qué hacer. A mi madre la quiero mucho y me llevo muy bien con ella, pero Manolo no era solo que me gustase, es que enseguida le cogí cariño y me di cuenta de que podía llevarme muy bien con él. No sabía qué hacer y se lo conté a Manolo. Y él me dijo:

—Vete a Madrid. Se lo explicas. Hablas con ella y ya verás cómo lo entiende. Y si no lo entiende, vuelve para aquí, que ya se convencerá.

Y así lo hice. Fui con mi madre y ella venga a decirme que iba a repetir la historia de Gabriel, que yo no tenía vista con los hombres, que ya me había equivocado una vez y que debería tener más cabeza. Decía:

—No lo conoces de nada. Tú te has enamorado, pero no sabes si él te quiere o solo es para pasar el tiempo y divertirse. Igual ahora te vas para allá y ni se acuerda de ti.

Yo tenía miedo de que tuviese razón, pero le dije:

—Si se ha olvidado de mí, me vuelvo. Pero quiero probar.

Volví a Alicante. Primero viví en la casa de mis parientes y después en un bajo que la madre de Manolo tenía alquilado a otra chica. Era un sitio muy pequeño y siempre andaba en líos con la otra, porque me cogía lo que yo compraba para comer y usaba todas mis cosas. Manolo le preguntó a su madre si podría vivir en su casa, porque el hermano pequeño estaba en la mili y tenían un cuarto vacío. Y la madre dijo que, si yo era una chica seria, podía vivir con ellos.

Es una mujer estupenda. Viuda, como mi madre, y trabaja en lo mismo, de asistenta en una casa desde hace muchos años. No se mete para nada en la vida de los demás, es muy comprensiva. Más que una suegra, para mí es como otra madre. Es muy buena conmigo.

Manolo y yo dormíamos en cuartos distintos por respeto a su madre, pero, cuando volvió el hermano de la mili, ella nos dijo:

—Si estáis juntos, no sé por qué tenéis que estar durmiendo separados. Comprad una cama grande y os metéis en el cuarto de Manolo.

Lo hicimos así y yo empecé a arreglar los papeles para la separación. Entonces empezaron todos los líos con la niña. El primero se organizó cuando fui a recoger las cosas que aún tenía en casa de Gabriel. Manolo, que trabaja de chófer en una empresa, tenía que ir a Madrid y me dijo:

—Te llevo y así lo recoges todo de una vez y no tienes que volver nunca por allí.

Yo, previendo lo que podía pasar, le dije que me aguardase con el coche en una esquina y me fui andando. Gabriel estaba en el portal, con dos bolsas y la niña, pero faltaban muchas cosas y tuve que subir a la casa. Mientras subía, él se echó a andar calle arriba y cuando llegó a donde estaba Manolo se puso a insultarlo.

Entonces Manolo se bajó del coche y tuvieron que bajar los vecinos a separarlos. Y todo delante de la niña, que lloraba a todo llorar. Esa fue la primera. Desde entonces, una tras otra; no pierde ocasión de hacer daño.

Gabriel y su madre lo hacen todo por fastidiarme. No se dan cuenta de que le están haciendo daño a la niña. Y esa es la pena que yo tengo, que esta niña, que podía ser feliz como fui yo, es una niña triste. Hasta que cumpla los doce años no se puede hacer nada. Cualquier cosa que yo haga, lo único que consigo es que ella sufra más. Por ejemplo, ahora va a hacer la primera comunión. Me llamó Gabriel y me dijo:

—Yo no puedo impedir que vayas a la iglesia, pero por el convite ni se te ocurra aparecer.

Primero decidí: «Pues voy a la iglesia y que se aguante». Pero después pensé que iba a amargarle el día a la niña. Cuando nos separamos siempre llora, y creo que estará más tranquila sin mí aunque me eche algo de menos, así que decidí no ir. Pero ellos nunca piensan así. El año pasado en el mes de agosto, que es cuando le corresponde según los papeles estar conmigo, decidieron por su cuenta mandarla a un campamento. Yo vine dos días antes a recogerla y la bruja de la abuela me dijo:

—Pues no te la puedes llevar, porque ya tenemos todo dispuesto para que vaya al campamento. Ya hemos pagado y todo. Va con las amigas y la niña está conforme.

A la niña le calentaron la cabeza con mil historias y le dijeron que podría venir conmigo más adelante, pero no era cierto. En septiembre empiezan los colegios y, además, yo ya los conozco, así que le dije que no. Y entonces ella empezó a insultarme. Habíamos quedado en un bar para vernos y allí mismo, delante de todo el mundo y delante de la niña, empezó a decirme cosas horribles. Me decía:

—Si fueses una mujer como Dios manda, tendrías a la niña todo el tiempo que quisieras, pero eres una perdida. Primero te juntaste con mi hijo y, cuando encontraste a otro que te gustó más, lo dejaste.

Yo estaba tan avergonzada que me salí a la calle sin pagar siquiera el café que había pedido. Pero ella venía detrás de mí: la niña pegada a mis faldas, y aquella bruja tirando de ella para separarla de mí. Me puse tan nerviosa que me sentí mal y pensé que me daría un ataque. Me senté en la acera y me eché a llorar mientras ella seguía allí alborotando. Hasta que se me hincharon las narices, cogí a la niña de la mano, paré un taxi que pasaba y le solté:

—¿Sabe qué le digo? Que la niña se viene conmigo. Se acabó. Es mía y me la llevo.

Entonces la que lloraba era ella. Me decía:

—No te lleves así a la niña. Mira que ni siquiera lleva la ropa.

Pero yo no le hice caso:

—Para la ropa que le mandan se pueden quedar con ella.

Porque en las vacaciones la mandan siempre con la peor ropa que tiene, sin traje de baño y sin ropa de verano, para que yo tenga que comprarle todo. Así que subí al taxi y le dije a mi suegra:

—La niña se viene conmigo, y usted coja otro taxi si quiere. Y dígale a Gabriel que, si quiere algo de mí, estoy en casa de mi abuela.

Me fui para la casa de mi abuela para que no pudieran decir que me la llevaba con dos drogadictos. Que eso fue lo que dijo para conseguir la anulación: que se había casado porque mis hermanos eran camellos y lo habían amenazado de muerte.

Gabriel dio parte a la comisaría, diciendo que yo había raptado a la niña para llevármela al extranjero. Pero antes de que los policías me vinieran a buscar a casa ya estaba yo allí con la niña y los papeles de la separación, que siempre los llevo conmigo, explicando lo que había pasado. Como yo tenía los papeles en regla, lo llamaron a él para que explicase su denuncia. Cuando llegó nos metieron a los dos en un cuarto y el comisario nos dijo que procurásemos ponernos de acuerdo. Gabriel entonces mintió y dijo que yo podía llevarme a la niña en cualquier otro mes, pero que en agosto tenía ya pagado el campamento. Entonces el comisario nos dijo:

—¿Y por qué no le piden su opinión a la niña? Ya es mayorcita y son sus vacaciones. Deberían hacer lo que ella prefiera.

Y la niña, llorando como una magdalena, pobrecita mía, con ocho años que tenía, se abrazó a las piernas de su padre y le dijo que no se enfadase con ella, que lo quería mucho, pero que la dejase irse conmigo.

Esto es lo que a mí me crucifica: que haga sufrir a la niña sin necesidad. Lo que pasó entre él y yo, pasó y pasado está. Él tiene otra mujer y yo otro hombre, ¿qué culpa tiene la niña de todo esto? Por eso cuando mi madre le dice a Luis que vaya a ver a su hija, yo la hago callar. ¿Para qué va a ir? Yo la vi cuando hizo la primera comunión y al hijo de Cati también, y ahora están mucho más contentos que cuando vivía su madre y no veían más que peleas y disgustos. Y la culpa no era de Cati, sino de mi hermano.

Yo con Cati me llevaba muy bien, para mí era la mejor de las cuñadas. Vivía en su casa y solo venía de visita, ni comía ni dormía con nosotros. La quería mucho. Más de una vez le aconsejé que dejase a mi hermano, porque él estaba metido ya en la droga y le pegaba y trataba mal a los hijos, no se ocupaba de ellos y les reñía por cualquier cosa. Y los niños sufrían. El niño no es de Luis. Cati lo había tenido de soltera, a los diecisiete años, y después mi hermano al casarse con ella lo reconoció, pero no era suyo. El niño nunca ha querido a mi hermano; era ya mayorcito y se daba cuenta de las cosas. Andaba siempre arrimadito a Cati. Para él debió ser terrible que muriera su madre, mucho más que para la niña. Aunque también la niña se dio cuenta de que había muerto, con tres años que tenía, que aún no había cumplido los cuatro. El niño, al ver que la madre no le contestaba, se fue a buscar a una vecina y, mientras, la niña se bajó de la cuna, se subió a la cama de la madre y cuando llegó la vecina se la encontró encima de Cati, intentando abrirle los ojos y llorando y llamándola. Tuvieron que llevarla al psiquiatra porque por las noches se despertaba gritando y no había manera de calmarla. Ahora, sin embargo, está muy bien, es una niña alegre, más alegre que la mía, y el niño también. El niño es muy alto y juega en el baloncesto juvenil. Los dos están muy contentos. Así que mi hermano lo mejor que puede hacer es dejarlos en paz y ni acercarse a ellos. En eso mi madre se equivoca.

Mi madre le dice que vaya a verlos porque cree que eso puede hacerle cambiar, pero eso es pensar con los pies. Luis seguirá así hasta que se muera, y si fuese pronto sería lo mejor que le podría pasar. No es que le desee la muerte; es mi hermano y lo quiero y lloraré por él como lloré por Pablo, pero no me hago ilusiones. Luis ya no da más que disgustos a los que tiene alrededor, sobre todo a mi madre. Le está amargando unos años en los que todavía podría disfrutar. Y a los hijos es mejor que no los vea, ¿para qué?, ¿para que lloren por él cuando se muera? Ya lloraremos bastante los demás.

Yo lo de Luis lo tengo muy claro. Sé que es cuestión de más o menos tiempo, pero durar no durará. Lo que me quita el sueño es mi hija. A veces cuando salgo con Manolo por las noches, o cuando lo estoy esperando a la vuelta del trabajo, o cuando salgo por las tardes de paseo con el niño, pienso que soy feliz. Me veo tranquila, contenta... A mi marido lo quiero mucho, lo quiero cada día más. Cuando tengo que separarme de él dos o tres días, estoy que rabio por volver. Y al niño da gloria verlo: está sano, es guapo y está siempre riendo. Y eso es lo que de repente me aprieta el corazón: me acuerdo de mi niña, de cómo me dice adiós con la mano cuando nos separamos, cómo va todo el rato volviendo la cabeza o cómo se queda parada mirándome hasta que desaparezco. Cuando era más pequeña lloraba a lágrima viva, ahora ya sabe que no debe llorar y hace esfuerzos para que no se le salten las lágrimas: aprieta los labios, pestañea deprisa y la carita se le va arrugando como la de una vieja mientras dice adiós con la mano. A veces me despierto por la noche y me pongo a pensar en ella. Porque mi hermano, a fin de cuentas, está así porque quiere, se lo ha buscado y hace sufrir a todo el mundo. Pero, ¿mi niña qué culpa tiene?

Cuando cumpla los doce años se vendrá a vivir conmigo, ya podrá elegir ella. Pero estos años de sufrimiento no se los quita nadie. Yo fui una niña feliz y me acuerdo de mi niñez con alegría, pero, ¿qué recuerdos tendrá ella de la suya? Después de los doce años ya se empieza a ser mujer, a veces incluso antes, y ya es otra cosa, ya se empieza a pensar en los chicos y todo es diferente. Yo siento que no he disfrutado de mi hija como disfruto ahora del niño, y ella tiene que sentir lo mismo: que no ha disfrutado de su madre. Y hay otra cosa que me recome y que aún me da más rabia, y es que cuando se venga a vivir conmigo echará de menos a la abuela, estoy segura. El padre no me preocupa, porque siempre lo ha visto poco y desde que se casó de segundas aún menos. Dejó a la niña en casa de la madre y se fue con la mujer a otra casa. Y eso es lo que me preocupa, porque la abuela no tiene más que hacer que ocuparse de la niña y, aunque es una bruja, con la niña es buena, la trata bien y la mima, está todo el santo día pendiente de ella, la va a buscar al colegio, le compra cosas, se sienta con ella a ver la tele... Y la niña le tiene cariño, como es natural. El otro día, cuando hablábamos de eso de la primera comunión y le expliqué que era mejor que yo no fuese, me dijo:

—Cuando cumpla los doce años me voy contigo. Me marcharé... aunque me dé pena por la abuela.

Así que feliz, feliz como son los niños, ya no lo será nunca.

SEGUNDA PARTE

«Es tan desgraciado que no consigue ni morirse».

PEDRO Y JUAN

Chicos de la casa donde trabaja Rosa. Pedro tiene dieciséis años y estudia tercero de BUP. Juan tiene diecinueve y estudia segundo de Ciencias Exactas.

1

No me enteré de que Rosa tenía un hijo drogadicto hasta pasado bastante tiempo. Al comienzo estaba en la cárcel y no sabíamos nada de él, pero en cuanto salió empezó a llamar a casa para que Rosa le diese dinero. Habla con una voz que casi no se le entiende, muy carrasposa y ronca. La primera vez que cogí el teléfono me dio miedo. Yo debía de andar por los trece años. Tiene una voz como la que uno se imagina de niño que es la del viejo del saco o el coco.

Siempre he sido un poco miedoso y aquella voz me impresionó, me acuerdo muy bien. Fui a llamar a Rosa y ella se puso al teléfono y empezó a decirle que no tenía ni un duro, que se lo había dado ya todo y que no la llamase al trabajo. Entonces me di cuenta de quién era. Hasta ese día yo no sabía lo que era un drogadicto. Sabía lo que cuentan en los periódicos o lo que ves por televisión, pero hasta ese día no sentí de verdad lo que es un drogadicto, lo que significa tenerlo cerca. Porque este no es un drogadicto cualquiera: es el hijo de Rosa, alguien que llama a casa y que puede aparecer en cualquier momento, como si fuese de la familia, algo así. Y además toma heroína, que es una cosa seria.

En el instituto muchos chicos fuman porros. Solo en mi clase ya hay tres, de cuarenta que somos. Dos de ellos son amigos míos, son buena gente. Uno es *mod* y *ultrasur,* y ese tiene las ideas claras. El otro anda despistado. Le gusta mucho la literatura y el arte, admira mucho a la gente que pinta y escribe, pero al mismo tiempo le gusta la juerga, y no ha encontrado la manera de conciliar su parte seria con su parte juerguista. Venía de un colegio de frailes y al llegar al instituto empezó a suspender y a tener mala fama, de vago y de hablador. Los profesores lo echaban de clase cada dos por tres y creo que se metió en la droga para animarse. Toma *costo* (hachís) y *tripis* (ácidos). Se juntó con el *mod* y empezó a tomar y ahora sigue por inercia.

A mí no me ofrecen. No le ofrecen a nadie en el instituto. Tú sabes que ellos toman y si quieres vas con ellos y, si les pides, entonces te dan. Por ejemplo, en el recreo siempre hay un grupo que se va a fumar un canuto, y el que quiere va con ellos. En el instituto no toman *tripis,* pero en las fiestas o cuando vamos a una discoteca, sí. Yo a veces voy con ellos, pero cuando empiezan a tomar me marcho, porque entonces ya no se puede hablar de nada, es como estar solo. Yo no quiero tomar, ni siquiera probar. No me gusta la cara de bobos que se les pone, se quedan alelados, como idiotas. No quiero verme así.

Creo que mis compañeros lo hacen por abulia, porque no les apetece nada, ni tienen ilusión por nada. El *ultrasur* cuando va a los partidos del Madrid no toma, porque allí lo pasa bien, disfruta, no tiene necesidad de animarse con otra cosa. El otro creo que lo hace porque está angustiado. Pasó de ser un niño «ejemplar» a ser un mal estudiante, no lo aprecian ni los profesores ni los compañeros y lo lleva muy mal.

El hijo de Rosa es otra cosa, ese está enganchado en serio. Creo que mis amigos controlan la situación: sobre todo el *mod* es capaz de decidir si toma o no. Y al otro es fácil ayudarle. A veces, cuando va a tomar, si estoy yo por allí o una chica que también es amiga suya, y le decimos: «¡Venga!, deja eso que vamos a hacer tal cosa o tal otra», pues deja el canuto o la pastilla y se viene con nosotros. Pero el hijo de Rosa ya no tiene escapatoria: ni viendo morir a su hermano consiguió desengancharse, así que creo que no tiene remedio.

Lo de mis amigos me parece a mí que es como un vicio, ¿cómo diría yo?, culpa suya. Tienen de todo, los padres tienen cuartos y les dan todo lo que quieren: hacen surf, esquí, viajan al extranjero, veranean en sitios buenos. Se meten en la droga porque quieren, porque están aburridos de tenerlo todo. Pero el hijo de Rosa no tiene nada: ni dinero para comprar la droga, ni trabajo, ni cultura, ni salud, ¡yo qué sé! Y además debe de ser muy burro porque todo le sale mal, todo lo hace al revés, ¡pobre hombre! Y para colmo tiene mala suerte: le compran por fin la moto para que pueda trabajar y se la roban; sale con ella a la carretera y lo atropella un coche...

Creo que la moto se la robaron de verdad, que no la vendió, porque a los pocos días llamó la policía para decir que la habían encontrado. Igual era todo una mentira, pero es tan desgraciado que pudo ser verdad. Su hermano también era drogadicto, pero ese se las arreglaba solo. Este se pasa la vida llamando a Rosa para que le dé cuartos y, cuando roba, lo pescan y lo meten en la cárcel. Es tan desgraciado que no consigue ni morirse. Rosa dice que lo único que él quiere es morir, que se lo dice muchas veces: que quiere morir. Pero no hay forma. Ya estuvo tres veces en la UVI, y la última parecía definitiva. Se dio un golpe tan fuerte en la cabeza que creyeron que ya no salía del quirófano. Hay cosas que no se entienden. En el instituto tenía yo un compañero que era un chaval estupendo. Era campeón de gimnasia, un tío cachas, pero nada tonto y nunca se peleaba con nadie. Ayudaba a todo el mundo y le dejaba la moto a todo el que se la pedía. Pues tuvo un accidente estúpido y se murió. Le patinó la moto en la arena de un camino. No iba corriendo ni nada, iba con otros amigos hablando y parándose con ellos y todos lo vieron caer y pensaron que no era nada. Pues tuvo un derrame cerebral y se murió. Y el hijo de Rosa lleva golpes, le pasa de todo, tiene mal el corazón, es seropositivo, y no se muere.

A mí lo del sida no me da miedo. Más miedo me da que aparezca por casa y se ponga a pedirnos dinero como se lo pide a su madre. Su hermano se murió de sida, pero era también drogadicto; Rosa no tiene por qué contagiarse. No sé; a mí no me parece probable. A mi hermano le parece que sí; es muy aprensivo, ¡monta cada número! Un día que Rosa estaba preparándonos la merienda apareció mi hermano todo pálido y demudado, diciendo: «¡Rosa se ha cortado y está sangrando!». Mi madre salió corriendo para la cocina y yo no me atreví a ir porque por la cara de mi hermano pensé que la mano de Rosa debía de andar por el suelo. Resultó que era un cortecito de nada en un dedo, pero mi hermano insistía: «¡Estaba sangrando encima de mi bocadillo!». Como todos nos reímos acabó comiéndose el bocadillo —que era el más grande, por eso decía que era el suyo—, pero seguía diciendo: «¡Si me muero de esto ya os acordaréis de las risas!».

Yo pienso que son aprensiones de mi hermano. Un poco de apuro sí da, pero hay que hacer un esfuerzo para superarlo. Tengo un amigo que fuera de su casa no bebe nunca en vaso por miedo a contagiarse. Así no se puede vivir. Creo que teniendo un poco de precaución se puede evitar el contagio de cosas graves y, en concreto, esto del sida. Más miedo me da a mí que aparezca por aquí con una navaja. Pero, ¿qué se puede hacer? ¿Echar a Rosa? ¿Y qué culpa tiene ella de lo que hacen los hijos? No sé, a mí no me haga mucho caso, pero creo que si Rosa está en nuestra casa, trabajando para nosotros, nuestra obligación es aguantar un poco, ¿no le parece? Uno ya murió y el otro igual no dura mucho; como le pasan tantas cosas, en una de estas se muere. Y además Rosa es muy buena con nosotros. A veces mi madre me riñe porque tengo el cuarto desordenado y porque dejo las cosas por medio, y Rosa viene y me lo arregla todo y no dice que fue ella y mi madre piensa que fui yo. Así que vaya una cosa por la otra.

2

Ahora ya no tiene sentido preguntar si me parece bien o mal que Rosa trabaje aquí teniendo dos hijos drogadictos y sidosos. Lleva con nosotros seis años y nos sentimos implicados en sus desgracias y con la obligación moral de ayudarla. Pero si me pregunta si yo metería en mi casa a una persona desconocida, sabiendo que tiene ese problema, la respuesta clara y simple es no. Creo que debe ser el Estado el que resuelva los problemas derivados de la droga. Es muy bonito decir: «Hay que dar trabajo a los drogadictos, no hay que aislar a los enfermos de sida». Pero eso es una utopía y una falacia y al final somos siempre los mismos los que cargamos con todos los problemas.

Supongo que ya le habrán contado la historia del bocadillo. No sé por qué les hace tanta gracia. Yo seré aprensivo, pero no soy ciego ni visionario. Rosa se cortó y siguió tocando con la mano la comida, como si tal cosa. Ya sé que el contagio es improbable, pero no tanto como se imaginan mi madre y mi hermano. Sobre todo porque ni Rosa ni los hijos se hacen cargo de lo que significa ser portador de anticuerpos positivos. Ella está convencida de que el hijo mayor se murió de tuberculosis; no relaciona la enfermedad con la falta de defensas que provoca el sida.

A mí me parece un milagro que Rosa no se contagie. Muchas veces le he oído contar que ese hijo que vive con ella no encuentra ya venas en las que picarse y que se pasa horas buscando con la aguja por todo el cuerpo: en los pies, en las piernas, en las manos, y que cuando ella llega se lo encuentra todo lleno de sangre, no solo a él, sino la butaca, las toallas, el suelo. Y otras veces tiene hemorragias por la nariz y es Rosa quien lo atiende. ¿Cree usted que se pone guantes de goma para ponerle los algodones y limpiar todo? Yo no lo creo. Y sus cosas de aseo, el peine, el cepillo de dientes, ¿dónde los guarda para que ese hijo no los use? Y las jeringas que él usa, ¿quién las recoge? A Rosa le tiemblan mucho las manos y no ve bien, ¿no puede ser que se pinche al recogerlas? En fin, que las posibilidades no son tan pocas.

Otro riesgo es que aparezca por aquí a robar. Dicen que es poco probable porque sería la primera persona de quien se sospecharía, pero ese argumento a mí me parece poco convincente, porque cuando están con el mono no se paran a reflexionar ni actúan de un modo lógico. Hace algunos días a un amigo mío le robó el plumas un drogadicto. Lo amenazó con una navaja mientras le decía: «¡Rápido, rápido, quítatelo de una vez!». A mi amigo, con los nervios, se le enganchó la cremallera y entonces el drogata rajó el plumas con la navaja para quitárselo. Ya me dirá para qué le va a servir un plumas rajado de arriba abajo, pero lo cogió y se lo llevó.

Yo temo que el hijo de Rosa pueda hacer algo parecido. Su madre le dice que no la llame aquí, pero él lo hace continuamente, porque Rosa siempre acaba cediendo y dándole dinero. Antes quedaban en una plaza que hay cerca de casa, pero ahora ya viene al portal. Yo un día me crucé con él abajo. Oí a Rosa hablar por el telefonillo y lo reconocí a él por la facha. Mi madre le dijo que no quería que viniese a casa, pero, conociendo la finca y el piso, ¿quién puede impedirle que suba? El portero falta muchas horas e incluso Rosa le tiene ya miedo. Tenga en cuenta que estamos hablando de un tipo que asaltó un banco a mano armada y también a unas mujeres en la calle para quitarles las joyas. En el asalto al banco hubo un muerto. El juicio aún no se ha celebrado y no se sabe en qué medida participó. Rosa dice que solo iba para vigilar, pero ella no va a decir que fue su hijo el que mató al guarda.

Nosotros, en este asunto de los robos, empezamos a tener mentalidad de familia de drogadicto: con tal de que no mate ni haga daño a la gente, todo lo demás nos parece bien. Si necesita quince o veinte mil pesetas diarias, ¿de dónde las va a sacar? Pues de desvalijar máquinas tragaperras y coches aparcados. No solo nos parece bien, sino que le damos pistas. Un día Rosa se quejaba de que su hijo no podía ir a las máquinas, porque, como son tantos los que se dedican a lo mismo, ya no tienen premio. El asunto consiste en meter y sacar una moneda agujereada hasta que suelta los cuartos. Pues bien, ella lo decía como refiriéndose a un trabajo, y mi hermano, en la misma onda exactamente, le dijo: «¿Por qué no prueba con las de la calle de mi colegio? Siempre hay mucha gente y seguro que tienen premio».

Pero no le pasa solo a mi hermano. Otro día Rosa llegó diciendo que su hijo había robado ciento cincuenta mil pesetas, pero que estaban metidas en una caja que, al abrirla, sonaba la alarma en la comisaría. Seguro que era una mentira del hijo para sacarle cuartos a ella, pero, por si acaso, todos nos pusimos a idear procedimientos para abrir la caja burlando a la policía. Uno decía que lo mejor era abrirla en una estación de metro e inmediatamente cambiar de línea; otro, en un descampado y salir corriendo; otro, que en medio de la calle. Hubo un momento en que nos quedamos mirándonos unos a otros y mi madre dijo:

—Esto es un disparate. Vamos a acabar planeando un asalto a un banco para conseguir dinero para este chico.

Y mi hermano añadió, medio en serio:

—¿Y por qué no le decimos que mate a Salman Rushdie? De todos modos lo matará otro, y al hijo de Rosa le hacen más falta los cuartos.

¿Que cómo acabará esto? Pues no lo sé. Hay varias posibilidades. Podemos formar una banda que se dedique al negocio de la droga sin ánimo lucrativo, una especie de legalización a pequeña escala; o fundar una organización benéfica para el robo de casetes y radios de coches. Todo esto si no morimos antes de sida, claro... En fin, bromas aparte, lo que pienso es que a este pobre hombre no le debe de quedar mucho de vida. En el fondo es lo que todo el mundo está esperando: que se muera de una vez.

Cuando el hijo se le muera, lo más seguro es que Rosa deje de trabajar. Tiene una pequeña pensión y otros dos hijos casados que no son drogadictos. Es muy posible que se vaya a vivir con ellos, o, incluso, que se case, porque tiene un novio, un viudo como ella, que también debe de estar esperando a que desaparezcan los drogadictos del panorama. En cuanto a nosotros, cambiaremos de problema. Mi madre dirá: «Voy a buscar a una persona para que nos ayude en la casa...». Y vuelta a empezar. No sé cómo se las arregla para topar siempre con gente problemática.

AURELIA

Dueña de la casa donde trabaja Rosa. Novelista y profesora de universidad. Cuarenta y cinco años. Divorciada dos veces. Tiene dos hijos del primer matrimonio.

No sé cómo me metí en esto, la verdad. No lo sé. Unas cosas llevan a las otras y al final una ya no puede ni quiere echarse atrás. Si a mí me hubieran dicho los quebraderos de cabeza que me iba a dar Rosa, seguro que no la habría cogido, pero ahora no me arrepiento de haberlo hecho.

Apareció por mi casa hace seis años. Un verdulero se la había recomendado a una amiga mía que buscaba asistenta y, como ella ya había encontrado, me la pasó a mí. El de las verduras le había dicho que era seria y trabajadora; esos eran todos los informes que traía. Enseguida me di cuenta de que tenía un problema serio. Le pregunté si había trabajado en alguna casa y me dijo que sí, que los señores se habían ido a La Coruña y que querían llevársela con ellos, pero que ella no había querido irse porque tenía que ir dos tardes por semana a ver a un hijo que estaba hospitalizado. Era tan obvio que se trataba de una mentira que no insistí.

Lo que había pasado era que en la casa donde trabajaba se habían enterado de que tenía un hijo en la cárcel por cuestión de drogas y se habían asustado.

Justamente por aquellos días se hablaba mucho en la televisión y en los periódicos de un crimen que habían cometido en una casa del barrio de Salamanca los sobrinos de la criada, que eran drogadictos. Esas cosas dan miedo y yo entiendo que, pudiendo escoger, no se meta en casa a una persona que tiene relación con ese mundo. Pero echar a la calle a una mujer por culpa de un hijo no me parece justo. Rosa pensaba lo mismo y por eso no quiso pedirles informes, aunque por otra parte entendía que aquello era una dificultad para colocarse, y lo ocultaba. Sin embargo, de ningún modo quería renunciar a ver a su hijo. Me dijo: «Los otros días me puedo quedar lo que haga falta, pero esos dos días tengo que salir después de comer. Mi hijo me necesita».

Y de pronto me dio pena de ella y vergüenza del papel que yo estaba haciendo. La vergüenza es fácil de entender, ¿qué derecho tenía yo a indagar en la vida íntima de aquella mujer?, ¿por qué me tenía que dar explicaciones sobre asuntos que no se referían al trabajo estrictamente? La pena es más difícil de explicar, porque Rosa no tiene un aspecto que inspire lástima, bien al contrario. Tiene una magnífica facha: guapa, bien plantada, con una elegancia innata que se manifiesta tanto en su manera de comportarse como de vestir o de hablar. Sabe hacer todos los trabajos de una casa y es una buena cocinera. Lo que me dio pena creo que fue la intuición de algo que más tarde pude confirmar: lo injusta que es la vida con algunas personas, la desproporción entre lo que se da y lo que se recibe, entre las alegrías y las penas que nos toca vivir.

Ella estaba allí, hablándome, y yo veía algo que estaba más allá de las pequeñas mentiras que me decía. No era solo el problema de una viuda que para poder vivir tiene que trabajar de criada, ni siquiera el de una madre de cuatro hijos adultos que tiene que seguir ocupándose de ellos. Era la tragedia de una mujer frustrada a quien se le habían ido cortando una a una todas las posibilidades de disfrutar de las cosas buenas de la vida, de conseguir esa pequeña dosis de felicidad que todo ser humano debe tener. No sé por qué, pero lo entendí así y no quise que me siguiera dando explicaciones. Le dije que me parecía bien y que podía empezar a trabajar cuando quisiera. Ella se quedó un momento sorprendida, después sonrió y dijo:

—Pues si le parece, mañana mismo.

Y así entró Rosa en mi casa.

Muchas veces, a lo largo de estos seis años, me he preguntado por qué una mujer con sus dotes y sus buenas cualidades no ha conseguido situarse mejor en la sociedad. Y creo que en parte ha sido por mala suerte, por circunstancias ajenas a su persona. Pero en parte también por su manera de ser.

La guerra civil la convirtió en hija de un ex presidiario, de un hombre sospechoso para el régimen. Después, un matrimonio equivocado la confinó durante años en el gueto del servicio doméstico en unos tiempos en los que ese trabajo no era estimado ni respetado. Y para colmo, la muerte del marido la dejó sola con el problema de los hijos. Rosa, como la mayoría de las mujeres de su clase social, supedita por completo el trabajo a la familia. Cuando un hijo está enfermo es siempre la madre quien deja el trabajo para atenderlo, mientras el padre aporta un jornal. Pero en este caso no había más jornal que el de ella y ese era un problema añadido. Porque Rosa falta frecuentemente al trabajo, es raro el día que hace la jornada completa: o llega tarde o tiene que irse más pronto.

Esto, unido a los riesgos a los que antes me refería, la incapacita profesionalmente. No puede exigir porque no cumple, y está siempre a merced de la buena voluntad de quien la contrata.

Y aquí entramos en la segunda cuestión: la de su manera de ser. Rosa es una persona muy digna, que necesita sentirse estimada y respetada por los que la tratan. Tiene a veces ese orgullo que nace de la desesperación, de haber llegado al fondo de la desgracia y saber que ya no se puede perder más de lo que se ha perdido. Y no soporta la humillación. La historia de su matrimonio tiene mucho que ver con esa manera suya de actuar. Se casó sabiendo lo que le esperaba, pero prefirió eso a tener que aguantar las recriminaciones y quizá el desprecio de su primer novio.

Conmigo también le pasó algo parecido y estuvo a punto de irse de casa. Fue cuando me enteré de que el hijo mayor tenía sida, hace ahora dos años. Ella no se daba cuenta de la gravedad del asunto, nunca llegó a entender que todas las enfermedades que padecía eran consecuencia de la falta de inmunidad, o sea, del sida. En casa todos estaban muy preocupados por un posible contagio y supongo que yo debí de insistir demasiado en la necesidad de tomar precauciones. El caso fue que se me puso muy digna y me dijo:

—Si les da aprensión, me voy.

Dejar el trabajo en aquellas circunstancias era un disparate. Con un hijo en fase terminal de sida; otro, drogadicto, con antecedentes delictivos serios, y teniendo que faltar continuamente al trabajo para resolver los asuntos de los dos, ¿adónde iba a ir? Pero no se lo pensó dos veces: si no estábamos a gusto con ella, se iba. No soporta el menosprecio.

En el mundo en que vive, ese orgullo o esa dignidad es un inconveniente. Y también lo son otras cualidades suyas absolutamente positivas: su generosidad, su desinterés. Todo esto se vuelve en contra de ella. La bondad nunca ha ayudado a nadie a triunfar, pero en el mundo de Rosa es como llevar una piedra atada al cuello. Allí hay que ser muy duro para levantar cabeza y tirar para delante. Y ser duro quiere decir no pensar en los demás e ir solo a lo de uno, sin contemplaciones y sin escrúpulos.

Es muy significativo que del único hijo que no se ha metido en la droga todos digan que es «muy egoísta». No valoran ni estiman el esfuerzo que ha debido suponer para él conseguir un trabajo honrado que le permite vivir con desahogo. La madre, la hermana, la cuñada, los familiares, todos hablan con compasión y ternura de los drogadictos e incluso justifican su conducta. Y, por el contrario, juzgan con dureza la insolidaridad del hermano, su actitud de preocuparse de sí mismo y nada más. A Rosa también la critican, pero por el motivo opuesto. Piensan que es «muy blanda con los hijos». Eso es lo que dicen las amigas y la gente del barrio. Conmigo hablan mucho porque la llaman con frecuencia a casa para condolerse de sus desgracias y, cuando no la encuentran, pegan la hebra conmigo. No me tratan como a la jefa de Rosa, sino como a una madre que tiene dos hijos que no se drogan y que, si lo hiciesen, tendrían más posibilidades de curarse que los hijos de Rosa. Por una parte, les parece mal que ella se entrampe para darle los cuartos al hijo, sobre todo a aquellas a quienes Rosa les debe dinero. Consideran que a los treinta años ya se es un hombre hecho y derecho y que hay que valerse por sí mismo de un modo u otro. Pero, por otro lado, les parece natural que Rosa falte al trabajo para resolver los asuntos del hijo. Nunca me ven como una mujer que trabaja igual que un hombre, sino como una madre que tiene que entender lo que significa tener dos hijos drogadictos. Y esa es también la actitud de Rosa. Ella critica a su hermana porque trabaja día y noche para darle dinero al hijo y que él no robe, pero ella al fin y al cabo hace lo mismo. Cuando el hijo llamaba por teléfono para pedir cuartos, Rosa discutía un poco con él, le decía que no tenía un duro, pero, como él insistía, acababa pidiéndome a mí «un anticipo» de cinco mil pesetas. Yo le decía que darle el dinero de aquella forma no llevaba a ninguna parte, que era mejor negarse y aguantar. Pero ella me contestaba siempre:

—Ya lo sé. Pero usted imagínese que fuera su hijo.

Al comienzo llamaba solo a primeros de mes, cuando sabía que la madre había cobrado, pero en los últimos tiempos llamaba a lo largo de todo el mes y sobre todo a las horas de las comidas para tener la seguridad de encontrarme a mí en casa. Porque a veces Rosa le decía que yo no estaba y que ella no tenía. Hasta que un día me harté y le dije a Rosa:

—Dígale a su hijo de mi parte que no le doy ni una peseta más. No le diga que no estoy en casa, dígale esto: que no quiero adelantarle a usted ni un céntimo más. Y que deje de dar la lata.

El teléfono es de los que recogen los ruidos de ambiente y no hizo falta que se lo repitiera. Dejó de llamar a las horas de comer, pero llamaba a otras. Aprendí a distinguir por el tono de voz la situación de necesidad en la que se encontraba. Por eso me di cuenta de que se iba a morir, de que estaba llegando al final, aunque los médicos o no se enteraron o no se lo quisieron decir a la familia. Cuando lo ingresaron a finales de abril lo anuncié en casa, en plan sibila: «De esta no sale».

Todos creyeron que estaba haciendo el número de la meiga gallega, pero no era un pálpito. Se lo noté en la voz, en la manera de hablar.

Llamó un día por la mañana a una hora inusitada para él, que nunca se levantaba antes del mediodía. Eran las diez y pico. Rosa no había llegado aún porque precisamente estaba arreglando asuntos del hijo. Tenía que recoger unas recetas y hablar con no sé quién: algo que cualquier otro miembro de la familia podía hacer, pero que siempre resolvía Rosa. Eso era una de las cosas que yo soportaba peor. Todo el mundo parece creer que la madre de un drogadicto no tiene otra cosa que hacer que ocuparse del hijo. Incluso los planes de ayuda parten de ese supuesto, son incompatibles con el trabajo de la mujer. En fin, el caso fue que yo estaba bastante fastidiada y cuando él llamó le contesté secamente: «No está». Y entonces él, con una desolación total, como si el mundo se le viniese encima, repitió: «No está...». Y después de unos segundos, con el mismo tono desolado, preguntó: «¿Y cuándo volverá?».

Me dio tanta pena que me puse a darle explicaciones y le pregunté si quería que Rosa lo llamase al volver. Pregunta estúpida, porque yo sabía de sobra que no tenían teléfono y que él llamaba siempre desde una cabina de la calle. Me escuchó en silencio y después dijo con la misma voz de moribundo:

—Volveré a llamar yo... Y perdone las molestias.

Llamó a la media hora y Rosa aún no había vuelto. Yo había tomado ya una decisión. Le dije que su madre había tenido que salir de nuevo, pero que había dejado un sobre para él, que fuese a los juzgados de la plaza de Castilla, que yo se lo llevaría allí. Hubo un silencio en la línea y enseguida dijo:

—Si no le importa quedamos al otro lado de la plaza, junto al quiosco.

En los juzgados lo había visto yo por primera vez dos años atrás, en el juicio por el atraco a dos mujeres. Entonces iba esposado, pero tenía mejor aspecto que aquella mañana. Salió del metro respirando con dificultad y con la cara sudorosa y desencajada. Se vino hacia mí sin dudar un momento, cosa que me sorprendió porque no creí que me recordase después de dos años. La plaza estaba llena de gente que iba y venía, pero los que se cruzaban con él se apartaban un poco, con ese gesto instintivo que todo el mundo hace al ver a un tipo sospechoso de drogarse. Cuando se paró a mi lado, muchos volvieron la cabeza para mirarnos. Yo le di enseguida el sobre, que contenía cinco mil pesetas en billetes de mil, y le dije que quería hablar con él. Abrió el sobre, muy nervioso, y al ver el dinero se tranquilizó un poco. Me dijo que en aquel momento no podía quedarse porque tenía que ir a otro lado, pero que, si lo aguardaba, volvería.

Quedamos a la una en un bar enfrente de la parada de los autobuses que enlazan con los alrededores de Madrid. Pensaba que no volvería, pero a la una y diez lo vi bajarse de un taxi. Se había cambiado de ropa y venía limpio y recién afeitado. Llevaba puestos unos vaqueros nuevos y una cazadora y una camisa que habían sido de mi marido. Se disculpó por llegar tarde y pidió un café con leche, corto de café. Pensé que seguía habiendo en él algo de aquel niño al que no se le posaba una mosca encima, y también que sentía por los cuartos el mismo desdén que su madre. Los dos son de la clase de personas que cogen un taxi con las últimas mil pesetas que les quedan.

Él sabía para qué quería hablar con él, pero no se refirió a ello y yo tampoco. Le pregunté por sus recuerdos de niño, por sus hermanos, por su madre. Contestaba con desgana y con dificultad, como si le costase relacionar las ideas o estuviese poco interesado en la conversación. Era evidente que estaba muy mal, muy enfermo, pero también había algo de pose en su actitud. Al dar por sentado que lo único que quería era morir, justificaba su desgana, su falta de voluntad para cualquier esfuerzo y los sufrimientos que causaba alrededor.

Tuve la impresión de que no se daba cuenta de lo mal que estaba, porque se refería a la muerte como a algo que no temía e incluso deseaba, pero no inmediato ni próximo. No me pareció cínico, sino débil, y más apático que desesperado.

Hablamos de las dificultades de encontrar un trabajo. No tenía el menor deseo de trabajar, lo único que pretendía era un medio de asegurarse al menos tres picos al día. Por eso se había metido en el asunto del atraco al banco. Si aquello hubiera salido bien no habría tenido que volver a preocuparse por veinte o treinta mil pesetas diarias. Sumando los cuartos y las joyas que tenían guardadas en las cajas particulares había cientos de millones. Lo malo fue que había allí un tipo, un guardia que se lió a pegar tiros como si el dinero fuese suyo, hay gente así, estúpida, o que le gusta fastidiar, porque, ¿a quién perjudicaban robando en un banco? También roban ellos a los que tienen allí los cuartos...

Dijo que él no le había hecho daño a nadie nunca. No quise preguntarle por las mujeres a las que les quitó las sortijas y las cadenas de oro. Dio por supuesto que yo sabía de qué se trataba: cuando uno está con el mono se hace lo que sea por conseguir droga, incluso a la propia madre, no se razona, no se da uno cuenta de lo que hace. Pero él no andaba por ahí con una navaja, dando pinchazos para robar. Él no era un ladrón, aunque cuando uno tiene necesidad se remedia como puede y, cuando no se ve manera de encontrar cuartos, se los pide a la madre o vende algo de lo que hay por la casa. Él no estaba pensando en robar. Lo del banco había sido cosa de un amigo, le había pedido que le echase una mano y se la había echado; otras veces el amigo le había ayudado a él. Y de paso, si hubiera salido bien, se habría arreglado la vida. Pero los pobres siempre tienen mala suerte.

Hablamos de un primo suyo, también drogadicto, que yo conocía. Conducía una camioneta con la que hacía portes, pero tuvo un accidente y se quedó paralítico. Eso era lo que a él le daba miedo: quedar inválido para toda la vida. Era mucho mejor morir. Se daba cuenta de que era un peso para todo el mundo, sobre todo para su madre. Sabía que le estaba amargando la vida, pero no lo podía evitar.

Pensaba que la droga no era tan distinta del tabaco o de la bebida. Su hermano Alberto fuma dos paquetes diarios y sabe que su padre murió de cáncer de pulmón a los cincuenta años y que, si no deja de fumar, él también morirá de lo mismo. Pero no lo deja, prefiere morir y fumar todo lo que le da la gana. Y encima, habla de los otros. En el fondo es lo mismo, la única diferencia está en el precio, en el negocio que se hace con la droga.

Me sorprendió que no hablara de la droga como de algo malo en sí. La marihuana y la cocaína le parecían algo bueno, agradable, que ayuda a vivir. Dijo: «Haces una raya y ves la vida de otra manera». Se suponía que mejor, por eso empezó a esnifar. Es algo que la gente de dinero y los espabilados disfrutan, igual que disfrutan de buenos coches, buenas casas y buena vida. Nadie piensa que se va a quedar enganchado. A la heroína se llega después, cuando ya le hace a uno falta para vivir, cuando no se puede vivir sin picarse. Pero al comienzo nadie se pone un pico por gusto. Un canuto o una raya, sí. Él, cuando era pequeño, lloraba si le tenían que poner una inyección, nunca le gustaron, incluso ahora prefiere esnifar. Si pudiese tomar coca, todo iría mejor. Los políticos toman coca, y los artistas, todo el mundo con cuartos. Y mucha gente vive del negocio de la droga, eso es lo malo. Él fue camello, pero consideraba que aquello no era hacer negocio, porque lo hacía para conseguirla para él.

Me pareció que, igual que su madre, necesitaba sentirse estimado o, al menos, compadecido. Estoy segura de que hizo un esfuerzo para causarme buena impresión y, además, había en él un poso de buenas maneras aprendidas de niño. Como vio que yo no fumaba, fumó solo dos cigarrillos a lo largo de la entrevista y se disculpó por tener que ir al baño. Fue a esnifar heroína. En los últimos tiempos no se picaba, se la metía por la nariz. Al día siguiente empezaba una cura de desintoxicación, justo en aquellos momentos su madre estaba arreglando los papeles, pero no me pareció que tuviese ningún deseo de salir de aquello. Creo que, igual que había hecho otras veces, era una manera de asegurarse por cierto tiempo un sustitutivo, fuese metadona o tranquilizantes. Conmigo, por conocer bien a la familia, no podía echarles la culpa de lo que le pasaba. Yo sabía que no había sido un niño maltratado o poco querido y que su vida no había sido más dura que la de Alberto o Lola. Pienso que por eso intentaba responsabilizar a la sociedad, insistiendo en la falta de expectativas de trabajo. En ningún momento consideró que él fuese el principal responsable de la situación, tanto de meterse en ella como de la incapacidad de salir. Se refirió con desdén a lo que le decían los psicólogos y los asistentes sociales de que aún era joven y podía rehacer su vida. No tenía ningún interés.

¿Qué vida iba a rehacer? ¿Trabajar ocho horas para ganar una miseria? ¿Matarse a trabajar de la mañana a la noche para no salir de pobre? Estaba claro que no le valía la pena el esfuerzo.

Eran casi las tres de la tarde y había que irse. Se empeñó en pagar las consumiciones y sacó del bolsillo unas monedas de cien pesetas: las vueltas del taxi, con seguridad. Ya en la calle me dijo:

—En el libro que está escribiendo, ¿voy a salir yo?

Le dije que sí y le expliqué que no se trataba de un reportaje periodístico, sino de una especie de retrato de un grupo familiar, afectado por el problema de la droga. Rosa le debía de haber hablado de ello porque daba cabezadas como quien se ratifica en algo ya conocido. Cuando acabé, dijo:

—Me gustaría leerlo.

Le prometí que se lo mandaría en cuanto saliese, pero que no sería antes del otoño. Pensé que probablemente no llegaría a leerlo nunca y que quizá fuese mejor así. Él se quedó callado, mordiéndose los labios, como dubitativo. Le di las gracias por haber acudido a la entrevista y la mano para despedirme. Estaba sudando y respiraba otra vez con dificultad. Tomó aire para hablar y pensé que necesitaba droga otra vez y que me iba a pedir dinero para comprarla. Pero no lo conocía bien. Solo dijo:

—No me ponga muy mal en ese libro.

No volví a hablar con él. Durante los dos meses siguientes se atiborró de pastillas y murió en el hospital, al parecer sin sufrir. Según su madre, en la caja tenía una expresión tranquila y placentera. Yo no quise verlo.

TERCERA PARTE

«Cuando lo vi, me di cuenta de que era él».

JOAQUÍN, EL HIJO

Trece años. Hijo de Cati. Luis lo reconoció al casarse con ella. Desde que murió la madre vive con los abuelos maternos.

Me acuerdo de pocas cosas de cuando vivía con mi madre y con Luis. Cuando murió mi madre yo tenía ocho años, de eso me acuerdo, y poco más: de los juguetes que tenía, de los amigos del barrio, de cosas así.

Con los abuelos estoy muy bien, y con mi tía. Lo que más me gusta es jugar al baloncesto. Ahora juego en el equipo de cadetes del Real Madrid y a lo mejor con el tiempo, si sigo creciendo, jugaré en el equipo titular. Eso es lo que más me gustaría del mundo.

En el colegio hay chicos que fuman canutos. Hay bastantes que yo conozco, pero yo no he fumado nunca y mi mejor amigo tampoco. Para ser un buen deportista no se debe fumar ni beber y mucho menos tomar droga, droga de chutarse, chocolate o caballo. De la otra dicen que muchos toman, ya ve lo que pasó con Johnson y con Perico Delgado. A mí me gustaría ser como Michael Jordan, o Petrovic, o Fernando Martín. Dicen que juego bien, y como aún tengo que crecer... ¡Si por lo menos pudiese llegar a titular! Eso es lo que más deseo de todo.

Amigos tengo muchos ahora, o sea, compañeros, chicos como yo, del barrio o del colegio. Amigos amigos, solo dos: uno que juega al baloncesto conmigo y otro que vive en mi casa, en el piso de arriba y siempre estamos juntos, menos cuando yo voy a entrenar. A él también le gusta el baloncesto, pero es bajito y no lo escogieron para el equipo. Fue el primer amigo que tuve cuando vine para casa de los abuelos. Aquí no tenía ninguno, todos estaban en el barrio de antes, de la otra casa. Allí lo pasaba bien porque era pequeño y no tenía que estudiar, estaba todo el día jugando, pero también lo pasaba mal a veces. Luis y mi madre se peleaban mucho. No se llevaban bien. Creo que él estaba enganchado en la droga y se peleaban por eso.

Luis no es mi padre. Yo le llamo Luis porque... no sé, me acostumbré a llamarle así. Mi madre quería que le llamase papá, pero al morir ella y venir yo para aquí, pues ya no lo veía casi nunca. Pasó mucho tiempo sin venir a vernos; un año o más. No sé. En todo el tiempo que llevo aquí, que son cinco años, solo vino dos veces. No se lleva bien con los abuelos, y como ellos le llaman Luis, pues yo también. La niña, Mónica, mi hermana, le llama papá, pero nunca hablamos de eso. Cuando vino para la primera comunión no lo conocía. Yo sí, yo me acordaba. Cuando lo vi, me di cuenta de que era él.

Cuando hablo con él no le llamo nada, ni papá ni Luis. Me da corte. Después de tanto tiempo no sé qué decirle. En el banquete de la comunión de Mónica, la abuela Rosa me dijo: «Pregúntale a tu padre si quiere un poco de pastel». Y yo fui a donde estaba y le dije: «¿Quieres un poco de tarta?». Y ya está. Después me llevó en la moto a dar un paseo y me preguntó si me iba bien en el colegio y si estaba contento y yo le dije que sí. Después me enseñó a montar en la moto y me decía: «Pon los pies así» o «Acelera un poco». Y nada más. De esto hace un año, y no ha vuelto por nuestra casa. Sé que está enfermo otra vez. Siempre está enfermo o en la cárcel.

Me enteré porque se lo oí a la abuela: «Ese mal nacido está en la cárcel. ¡Ojalá no salga nunca de allí!». La abuela no lo puede ver, le llama siempre mal nacido y cosas aún peores. Dice que por su culpa murió mi madre. Yo siempre me entero de todo porque la oigo reñir con mi tía, que defiende a Luis. Mi tía dice que es una buena persona y que la culpa de todo la tiene la droga. Ellas gritan y yo lo oigo todo.

De otras cosas me enteré por los amigos o por los compañeros de colegio o del barrio. Uno me dijo que Luis no era mi padre, que mi padre era el hijo de los fruteros, que se fue hace años a Barcelona. Le pregunté a mi tía y ella me dijo que era mentira, que mi padre era Luis, que yo llevaba sus apellidos y que eso era la prueba de que era mi padre. Pero poco después, cuando Luis estaba en la cárcel, mi abuela me dijo que Luis era mi padre en los papeles, pero que yo no llevaba su sangre. Me dijo que mi padre de verdad era un novio que mi madre había tenido cuando era muy joven y que no se había podido casar con ella porque había muerto en un accidente de coche, y que después mi madre se había casado con Luis y él me había reconocido, pero que mejor habría sido que no se hubiera casado con él, porque es preferible ser hijo de soltera que de un drogadicto y un ladrón, pero que no me preocupara porque mi verdadero padre era un buen chico y yo me parecía a él.

Puede que mi padre sea Luis, puede que sea el hijo de los fruteros o puede ser otro. A mí no me preocupa. Yo vivo con los abuelos y ellos son para mí mis padres. Son más viejos que los padres de otros chavales, pero yo me llevo bien con ellos. Con Luis no es que me lleve mal, pero no lo veo nunca. Otros amigos tienen a los padres fuera, en el extranjero, trabajando. Hay uno que los tiene en Suiza. No los ve, pero le escriben y le traen regalos cuando vienen: un anorak muy chulo y una raqueta de tenis y un equipo de esquiar, y también camisetas y cosas así. Se lo llevarán con ellos cuando sea mayor. Luis también nos manda algo por Reyes. Creo que es la abuela Rosa quien lo compra, porque siempre viene ella a traer los regalos para mí y para Mónica. Mi abuela dice que Luis no tiene ni para mantenerse él.

Yo prefiero que no venga por aquí y pienso que a Mónica le pasa lo mismo, porque la abuela se disgusta, se pone nerviosa y le grita a todo el mundo, a nosotros, al abuelo y también a la tía, sobre todo a la tía, y como ella le contesta se ponen a reñir las dos hasta que el abuelo se cabrea también y pega con el puño en la mesa: «¡A ver si os calláis las dos de una vez, que me tenéis loco!», les dice. El abuelo nunca dice nada de Luis, pero cuando murió mi madre, de eso me acuerdo, le dijo: «Has de morir solo, igual que dejaste morir a mi hija».

Yo no le deseo ni bien ni mal. Viví con él cuatro años y era muy pequeño. A mí nunca me pegaba ni se metía en lo que yo hacía. Estaba poco en casa, ya entonces lo veía poco. Con mi madre se peleaba mucho, ella le gritaba y él le pegaba. Yo era pequeño y no la podía defender, no me enteraba bien de lo que pasaba; si fuera ahora sería diferente. Por eso prefiero que no venga por aquí, porque me acuerdo de cosas y a veces pienso que igual la abuela tiene razón y mi madre aún viviría si no fuese por todo aquello. Así que no le deseo mal, ni le guardo rencor, pero si se muere, que dijo mi tía que está en el hospital y que está muy mal, pues si se muere a mí me da lo mismo.

MÓNICA, LA HIJA

Tiene ocho años. Vive con los abuelos maternos.

Voy a un colegio de monjas. Estudio segundo de básica. No me gusta mucho estudiar. Me gusta poco. Prefiero jugar y estar con las amigas y también ver la tele. Cuando sea mayor, aún no sé qué me gustaría ser. A lo mejor enfermera, no sé.

Mi hermano juega al baloncesto y juega muy bien: es muy alto. A mí no me gusta jugar al baloncesto. En el colegio hay un campo, pero yo no juego, y eso que soy bastante alta, casi tan alta como mi abuela. Mi tía me pasa la cabeza, pero es porque casi siempre va con tacones. Cuando anda en zapatillas ya le llego por aquí, por la mitad de la cara. El más alto de todos es mi hermano y parece que aún va a crecer más.

Mi mamá no sé si era alta. Murió cuando yo era pequeña. Tengo una foto de ella en el cuarto, pero es de cara y no se ve si era alta. Era rubia, y dice la abuela que yo me parezco a ella. También se parece a mi tía, pero mi mamá era más joven y más delgada. A veces me parece que me acuerdo de ella, no sé. Se llamaba Cati, Catalina. Es un nombre muy bonito, ¿a que sí?

Mi padre también murió. Murió hace poco. Se llamaba... ¡Ay, no me sale ahora! Es que mi papá no vivía conmigo porque estaba enfermo. Estaba siempre en el hospital y no le dejaban salir; por eso no me venía a ver. Me lo dijo la abuela Rosa. Y mi hermano también me dijo que se llevaba mal con los abuelos y que por eso no venía. Aquí vino solo una vez, cuando yo hice la primera comunión. Vino a la iglesia y al banquete y después me llevó en la moto. Esto fue el año pasado.

Yo antes no me acordaba de él. La abuela Rosa me enseñaba fotos y me decía quién era. Un día antes de hacer la primera comunión me vino a buscar para ir a comprar mi regalo, los zapatos, que tenía que probármelos. Y después dijo que íbamos a ir a su casa para ver a mi papá. Dijo que igual llegaba el día de la comunión y que yo no sabía quién era y que eso no podía ser.

La abuela Rosa siempre me viene a ver a mi casa y nunca me lleva a la de ella, porque tiene dos perros muy grandes y pueden morderme. Pero aquel día me dijo que los había dejado bien atados y que además íbamos solo hasta el portal y que mi padre bajaría para darme un beso.

Llegamos a la casa, llamó desde la acera y un hombre salió a la ventana y dijo: «Ya bajamos». Nosotras nos metimos en el portal y por la escalera bajaron tres hombres. Eran muy altos los tres y muy parecidos.

La abuela Rosa me dijo: «Mira, cariño, es papá...». Yo los miraba y no sabía cuál de los tres era porque eran muy parecidos, y los tres me miraban y hablaban y decían: «¡Qué guapa es!, ¡qué mayor!, ¡cuánto ha crecido!». Y en esto uno se me acercó sin decir nada y me abrazó y se echó a llorar. Y ese era mi papá... Se llamaba Luis, ahora me acuerdo.

Índice

MARINA MAYORAL

Marina Mayoral nació en Mondoñedo (Lugo). Es profesora titular en la Universidad Complutense de Madrid. Además es escritora y crítica literaria. Como crítica, destacan sus trabajos sobre Rosalía de Castro y Emilia Pardo Bazán. Como escritora, ha recibido varios premios de narrativa. Ha publicado ensayo, novela y relato corto, y algunas de sus obras han sido traducidas a otros idiomas. Su carrera literaria alterna las obras en castellano y en gallego, su lengua materna. La novela que ahora presentamos ha sido traducida y adaptada para un público juvenil por la propia autora.

CARTA A LA AUTORA

Los lectores que deseen ponerse en contacto con la autora para comentar con ella cualquier aspecto de este libro, pueden hacerlo escribiendo a la siguiente dirección:

Colección ESPACIO ABIERTO
Grupo Anaya, S. A.
Juan Ignacio Luca de Tena, 15. 28027 MADRID

OTROS TÍTULOS DE ESTA COLECCIÓN

El retrato de Carlota

Ana Alcolea

Carlota pasa las vacaciones de febrero en Venecia con su tía Ángela, una novelista que vive en un antiguo palacio a orillas de un canal. Allí la joven se ve enfrentada al misterio de la muerte de su bisabuela, que también se llamaba Carlota y que murió en extrañas circunstancias. Tras tantos años, Carlota se empeña en desentrañar ese enigma con la ayuda de su tía y de un joven músico llamado Ferrando. Y las aventuras que vivirá esos días, así como la magia de la ciudad, con sus palacios, sus canales, la niebla y el carnaval, harán de estas vacaciones una experiencia inolvidable.

✓ **Aventuras/viajes**
✓ **Misterio/terror**
✓ **Amor/amistad**

La hija de la luna

Toti Martínez de Lezea

En 1609 el inquisidor Juan Valle Alvarado llega a Navarra para proceder contra los brujos que supuestamente infestan la región. La madre de Madalen se encuentra entre los detenidos, pero la muchacha no se resigna a sufrir semejante injusticia y con ayuda de Andra Gaila, una extraña anciana que dispone de conocimientos fuera de lo común, se enfrenta a la crueldad de los inquisidores y logra rescatar a su madre antes de que se lleve a cabo el terrible auto de fe en el que once personas inocentes son llevadas a la hoguera.

✓ **Aventuras/viajes**
✓ **Problemas psicológicos/sociales**
✓ **Amor/amistad**

La Venus del Kilimanjaro
Xavier Moret y Miquel de Palol

Venus Sánchez, una cotizada modelo, se apunta a la aventura de viajar al Kilimanjaro, la montaña más alta de África, para promocionar una marca de moda italina. Pero una vez comenzada la expedición tendrá que enfrentarse al hecho de que el Kilimanjaro, con sus casi 6.000 metros, no resulta nada fácil de subir. Además, hay muchos interesados en que la aventura fracase y se rumorea que, incluso, alguno de ellos podría estar preparando un sabotaje. Gil, un aventurero cargado de deudas y algo despistado, recibe el encargo de sumarse a la expedición y sube resoplando el Kilimanjaro a la sombra de la modelo a la vez que intenta protegerla de sus retorcidos enemigos.

✓ **Humor**
✓ **Aventuras/viajes**
✓ **Misterio/terror**
✓ **Problemas psicológicos/sociales**
✓ **Amor/amistad**

Los amores lunáticos
Lorenzo Silva

Pablo sabe que «el peor error que puede cometer un hombre es perder la cabeza por una mujer inadecuada». Pero pronto descubre que aún hay algo peor: enamorarse de dos mujeres inadecuadas al mismo tiempo. Y eso le ocurre precisamente a él: se enamora a la vez de su profesora de Lengua y de la chica más arisca de su barrio. Son dos amores imposibles que, a pesar de los sinsabores, le hacen madurar y le convencen de que el amor «es una de las mejores experiencias que se pueden vivir».

✓ **Humor**
✓ **Problemas psicológicos/sociales**
✓ **Amor/amistad**

Pablo y el hilo de Ariadna
Ignacio García-Valiño

Raquel conoce a Pablo cuando este se muda a su barrio. Desde el primer momento se siente atraída por ese chico que parece perfecto, y acaba enamorándose de él. Al principio la relación entre ambos funciona muy bien, pero después se interpone entre ellos una extraña organización a la que Pablo pertenece: se trata de la Fundación Atlántida, cuyo propósito aparente es el estudio de la cultura clásica, pero que esconde, en realidad, oscuros secretos que Raquel está decidida a desentrañar. Y así la muchacha se convierte en una nueva Ariadna que ayuda a Pablo a salir de un extraño laberinto.

✓ **Aventuras/viajes**
✓ **Misterio/terror**
✓ **Problemas psicológicos/sociales**
✓ **Amor/amistad**

No encontrarás el Tíbet en un mapa
Pedro Molina Temboury

Jorge ha vivido siempre solo con su madre y de ella nunca ha recibido más aclaración sobre la ausencia de su padre que la escueta frase: «Papá está de viaje». Pero casi con quince años empieza a tener extraños sueños que le llevan al Tíbet y le convierten en discípulo de un sabio lama. Esas experiencias nocturnas imprimen un nuevo curso a su vida: su interés por el Tíbet no solo le une a Marita, una chica de su clase, sino que le hace ir desvelando paulatinamente la vida de su padre y, a medida que descubre lo ocurrido con él, Jorge se descubre a sí mismo y empieza a entender lo que significan palabras como comprensión o compasión.

✓ **Aventuras/viajes**
✓ **Misterio/terror**
✓ **Problemas psicológicos/sociales**
✓ **Amor/amistad**

Continúan los crímenes en Roma
Emilio Calderón

Manio, un joven aristócrata, regresa a Roma desde Capadocia, donde ha luchado contra los partos. A su vuelta es recibido por su padre, y ambos esperan que Manio sea nombrado de inmediato tribuno del ejército. Pero la felicidad por el regreso y los planes para el futuro se ven truncados cuando el padre de Manio es asesinado. El joven se convierte en el principal sospechoso y se enfrenta a un proceso por parricidio en el que solo cuenta con la ayuda de su novia, la bella Claudia. El lector, al acompañar a Manio en sus peripecias, entrará en contacto con la vida en tiempos del imperio romano y averiguará, entre otras muchas cosas, cómo vivían los aristócratas y los esclavos, cuáles eran las costumbres culinarias o cómo se honraba a los muertos.

✓ **Aventuras/viajes**
✓ **Misterio/terror**
✓ **Problemas psicológicos/sociales**
✓ **Amor/amistad**

Dos en una
Martín Casariego Córdoba

El destino, o quizá fuera el azar, hace que un día Mateo se quede al lado de una chica en la mediana de una calle, esperando a que se ponga verde el semáforo. Y como ella le gusta desde el primer momento, Mateo se atreve a hablarle e incluso a proponerle una cita. Sin embargo, las cosas se complican cuando Mateo vuelve a encontrarse casualmente con la misma chica, pero totalmente cambiada en su forma de vestir y de ser. ¿Se tratará de un desdoblamiento de la personalidad? Mateo decide averiguarlo y se embarca en la aventura de enamorar y enamorarse de dos chicas que son la misma.

✓ **Humor**
✓ **Problemas psicológicos/sociales**
✓ **Amor/amistad**

No le digas que lo quieres
Clara Obligado

Violeta, una chica tierna, alta y sensible, se enamora de Nacho, el nuevo alumno que se ha incorporado ese año al instituto. Ante ese amor, que al principio se le antoja a ella solo como fuente de tristeza y sufrimiento, Ruth, su hermana mayor, le aconseja repetidamente: «No le digas que lo quieres». Pero, pese a todos los consejos, es a veces imposible hacer callar al corazón y no dejarse llevar por la aventura del primer amor.

✓ **Problemas psicológicos/sociales**
✓ **Amor/amistad**

Los vampiros no creen en Flanagans
Andreu Martín y Jaume Ribera

Flanagan, Nines y sus amigos deciden pasar unos días en la nieve, en un pueblo llamado Floc. Pero su intención no es solo disfrutar de la nieve, sino también hacer «turismo de morbo»: hace algunos años, un perturbado a quien se dio el nombre de «vampiro de Termals» cometió en Floc varios asesinatos. Y Flanagan y sus amigos quieren visitar los lugares de los crímenes y hablar con quienes vivieron aquel horror de cerca. Pero les espera una desagradable sorpresa: el mismo día en que ellos comienzan sus vacaciones, el «vampiro» se fuga del manicomio y se sospecha que ha vuelto a Floc. Los acontecimientos obligarán a Flanagan a enfrentarse con un terrible misterio y un peligroso asesino.

✓ **Policíaca**
✓ **Humor**
✓ **Aventuras/viajes**
✓ **Misterio/terror**
✓ **Problemas psicológicos/sociales**
✓ **Amor/amistad**

Pacto de sangre
Fernando Claudín

Atón, el hermano de Raúl, ha desaparecido. La policía no consigue encontrarlo, por lo que Raúl decide buscarlo por sus propios medios. Para ello debe entrar en contacto con el mundo del hampa y con personajes tan peligrosos como Don Capri, El Predicador, Moctezuma o The Best. Y en el curso de sus investigaciones, Raúl conoce también a dos chicas, Mamen y Ana, que conmoverán su corazón de adolescente.

- ✓ **Policíaca**
- ✓ **Problemas psicológicos/sociales**
- ✓ **Amor/amistad**

Los Fabulosos Hombres Película
Fernando Marías

Fernando deja el pueblo donde veranea con su padre, para pasar su primer fin de semana solo, en su casa de la ciudad. A sus quince años ha planeado esa escapada con el fin de seducir o, mejor, dejarse seducir por Purita, su nueva vecina. Pero en vez de eso, el muchacho se enfrenta por primera vez con el pasado de su padre, de su antiguo amigo Daniel Palatino y de La Capa Negra. Esos tres personajes tejieron una historia de amor, amistad, traición, fracaso y pasión por el cine que fascina y hace madurar a Fernando.

- ✓ **Humor**
- ✓ **Misterio/terror**
- ✓ **Problemas psicológicos/sociales**
- ✓ **Amor/amistad**

El medallón perdido

Ana Alcolea

Benjamín va a pasar el verano a África, a la casa de su tío Sebastián, cerca de la zona donde dos años antes murió su padre en un accidente de avión. Durante su estancia en Gabón, Benjamín recupera la memoria de su padre, aprende a conocerse a sí mismo y a los demás, y vive su primera historia de amor. Como le dice su tío, África cambia a las personas, y él no es una excepción.

✓ **Aventuras/viajes**
✓ **Problemas psicológicos/sociales**
✓ **Amor/amistad**

La escuadra del portero

Blanca Álvarez

Camila Iglesias es periodista y trabaja para un diario deportivo. Por encargo de su jefe, realiza un reportaje sobre los porteros de fútbol y, casualmente, a los pocos días muere durante un partido un portero de segunda división. Lo que parecía una muerte natural acaba por resultar un asesinato planeado por un espía de la KGB como culminación de una larga venganza. Y Camila se verá, sin quererlo, involucrada en esta macabra historia de odios antiguos.

✓ **Misterio/terror**
✓ **Problemas psicológicos/sociales**
✓ **Amor/amistad**